Müller · Mindestlohn

Patrick Müller

Mindestlohn
Berechnung und Auszahlung

Mit einer Einführung von
Professorin Dr. Irmgard Küfner-Schmitt

Gans Verlag
Berlin

Berliner wirtschaftsrechtliche Schriften, Bd. 1

Von Professor Dr. Michael Jaensch und Professorin Dr. Irmgard Küfner-Schmitt herausgegeben.

Bibliografische Informationen der Deutschen Nationalbibliothek

Die Deutschen Nationalbibliothek verzeichnet diese Publikation in der Deutschen Nationalbibliografie; detaillierte bibliografische Daten sind im Internet über http://dnb.dnb.de abrufbar.

ISBN 978-3-946392-00-2

Patrick Müller

Mindestlohn

1. Auflage 2016

www.gansverlag.de

Gans Verlag
Heinrich-Heine-Straße 36
10179 Berlin

Inhaltsverzeichnis

Einführung

Von Professorin Dr. Küfner-Schmitt

In seiner Untersuchung geht Patrick Müller einem der vielfältigen Folgeprobleme des seit dem 1.1.2015 in Kraft befindlichen Mindestlohngesetzes (MiLoG) nach, nämlich dem für die Praxis wohl bedeutsamsten Problem, der Berechnung und Auszahlung des Mindestlohns.[1]

Das MiLoG, das als Teil des Tarifautonomiestärkungsgesetzes[2] am 1. Januar 2015 in Kraft getreten ist, war von Anfang an ein höchst umstrittenes Gesetz. Während es einerseits als großer Erfolg der Großen Koalition gefeiert wurde[3], wurde es von anderer Seite als „Jobkiller“[4] bezeichnet bzw. der Verdacht aufgeworfen, dass das MiLoG zu einer Verteuerung in vielen Bereichen führen werde[5]. Teilweise wurde auch die Frage aufgeworfen, ob das MiLoG verfassungsgemäß ist[6]. Schnell eingelegte Verfassungsbeschwerden

---

1 Die Untersuchung lag dem Fachbereich Wirtschafts- und Rechtswissenschaften der Hochschule für Technik und Wirtschaft Berlin im Sommersemester 2015 im Studiengang Wirtschaftsrecht (LL.M.) als Masterarbeit vor.

2 Gesetz zur Stärkung der Tarifautonomie (Tarifautonomiestärkungsgesetz) v. 11.08.2014, BGBl. I, 1348.

3 „Der Mindestlohn wirkt: Höchster Lohnanstieg seit Beginn der Berechnungen“, http://www.der-mindestlohn-wirkt.de/ml/DE/Service/Meldungen/2015/der-mindestlohn-wirkt-lohnanstieg.html?nn=159050.

4 z.B. Focus online vom 19.5.2015: „Mindestlohn hat bereits 237.00 Minijobs vernichtet“ http://www.focus.de/finanzen/news/konjunktur/8-50-euro-als-jobkiller-mindestlohn-hat-bereits-237-000-minijobs-vernichtet_id_4691612.html; die Wirtschaftswoche vom 28.11.215 „Die Regierung hemmt die Wirtschaft“, http://www.wiwo.de/politik/konjunktur/konjunktur-jobkiller-mindest-lohn/11156380-4.html.

5 z.B. Bild.de, „So macht der Mindestlohn unser Leben teurer“ vom 25.11.2014, http://www.bild.de/geld/wirtschaft/mindestlohn/so-macht-der-mindestlohn-unser-leben-teurer-39087470.bild.html.

6 http://fazjob.net/ratgeber-und-service/beruf-und-chance/sales/125099_Ist-das-Mindestlohngesetz-verfassungswidrig.html; Ein Rechtsgutachten von Preis und Ulber im Auftrag der Böckler Stiftung kommt allerdings zu dem Ergebnis, dass das MiLoG im Wesentlichen verfassungskonform ist.

hat das Bundesverfassungsgericht zwar vorläufig zurückgewiesen, da der Rechtsweg noch nicht erschöpft ist[7], aber eine endgültige Klärung wird wohl irgendwann folgen. Die Zahl der Aufsätze und Veröffentlichungen seit Inkrafttreten des MiLoG ist jedenfalls beachtlich[8], was auf eine Reihe von offenen Fragen hinweist. Bis sich zu diesen eine feststehende (höchstrichterliche) Rechtsprechung entwickelt hat, wird wohl einige Zeit ins Land gehen. Gleichwohl kann man ein Bedürfnis nach einem gesetzlichen Mindestlohn nicht leugnen. 2010 wurden in Deutschland 20,6 % aller Beschäftigten mit einem Lohn vergütet, der unter zwei Drittel des Medianbruttolohns lag[9]. Die bis dahin bestehenden Mechanismen zur Festsetzung von Lohnuntergrenzen haben offensichtlich nicht ausgereicht.

1. Festsetzung von Lohnuntergrenzen vor dem MiLoG

Lange Zeit war in Deutschland die Festsetzung von Lohnuntergrenzen ausschließlich den Tarifvertragsparteien übertragen. Allerdings entfalten tarifliche Regelungen nur zwischen den beiderseits tarifgebundenen Arbeitsvertragsparteien eine zwingende normative Wirkung (§ 4 Abs. 1 TVG). Für die nicht tarifgebundenen bzw. einseitig nicht tarifgebundenen Arbeitsvertragsparteien bestand grundsätzlich auch hinsichtlich der Entgelthöhe Vertragsfreiheit. Eine Erstreckung der Tarifnormen in ihrem Geltungsbereich auf die nicht tarifgebundenen Arbeitsverhältnisse war und ist über eine Allgemeinverbindlicherklärung des Tarifvertrages gem. § 5 Tarifvertragsgesetz möglich. Diese unterlag allerdings einem komplizierten Verfahren, das im Übrigen 2014 ebenfalls durch das Tarifautonomiestärkungsgesetz[10] geändert wurde. Eine von Tarifverträgen unabhängige, absolute Entgeltuntergrenze bestand – und besteht wohl immer noch[11] – nur im Fall der Sittenwidrigkeit gem. § 138 BGB, wenn ein auffälliges Missverhältnis zwischen dem Wert

---

7 BVerfG vom 25.6.2015 – 1 BvR 555/15 – NZA 2015, 864; – 1 BvR 37/15 – NZA 2015, 266.

8 Eine Jurisabfrage Ende November 2015 ergibt 280 Literaturtreffer.

9 Statistisches Bundesamt, Pressemitteilung v.10.09.2012 – 308/12

10 Gesetz zur Stärkung der Tarifautonomie (Tarifautonomiestärkungsgesetz) v. 11.08.2014, BGBl. I, 1348.

11 Vgl. dazu *Forst, Gerrit/Degen, Jakob* „Mindestlohn und Sittenwidrigkeit“, DB 2015, 863.

der Arbeitsleistung und der Vergütungshöhe besteht. Ein solches auffälliges Missverhältnis soll nach der Rechtsprechung dann vorliegen, wenn die Arbeitsvergütung nicht einmal zwei Drittel der im betreffenden Wirtschaftszweig üblicherweise gezahlten Vergütung erreicht[12]. Die Entgeltabrede ist dann nichtig und der Arbeitgeber schuldet gem. § 612 BGB die übliche Vergütung.

Da diese Regelungen sich als nicht ausreichend erwiesen hatten, wurden in den letzten Jahren branchenspezifische Mindestlöhne auf der Basis des Arbeitnehmerentsendegesetzes (AEntG) geschaffen. Neben der Allgemeinverbindlicherklärung sieht § 7 AEntG die Erstreckung der Tarifnormen durch Rechtsverordnung des Bundesministeriums für Arbeit und Soziales auf alle Arbeitsverhältnisse der jeweiligen Branche vor. Die dadurch geschaffenen Mindestarbeitsbedingungen gelten dann für deutsche und ausländische Unternehmen gleichermaßen. Die in das AEntG einbezogenen Branchen ergeben sich aus § 4 AEntG.

Für den Bereich der Arbeitnehmerüberlassung gilt seit 2012 über § 3 a Arbeitnehmerüberlassungsgesetz eine eigene Lohnuntergrenze[13].

2. Flächendeckender Mindestlohn nach dem MiLoG

Seit 2015 gilt ein flächendeckender Mindestlohn von 8,50 Euro pro Stunde nach dem MiLoG, allerdings enthält das Gesetz eine Reihe von Ausnahmen vom persönlichen Geltungsbereich[14] (§ 22 MiLoG) und Übergangsregelungen für branchenbezogene Mindestlöhne (§ 24). Für alle Branchen wird der Mindestlohn als absolute Untergrenze nach dem MiLoG erst ab 2018 wirksam.

---

12 BAG vom 17.12.2014 – 5 AZR 663/13 – NZA 2015, 608; BAG vom 18.4.2012 – 5 AZR 630/10 – BAGE 141, 137; BAG vom 22.4.2009 – 5 AZR 436/08 – BAGE 130, 338;

13 Mittlerweile liegt die „Zweite Verordnung über eine Lohnuntergrenze in der Arbeitnehmerüberlassung“ vom 21.3.2014 vor, BAnz vom 26.3.2014.

14 Z.B. für Praktikanten und jugendliche Arbeitnehmer.

3. Folgeprobleme des MiLoG

Das Gesetz liest sich in seinem § 1 MiLoG recht einfach: Jede Arbeitnehmerin und jeder Arbeitnehmer hat gem. Abs. 1 Anspruch auf Zahlung eines Arbeitsentgelts mindestens in Höhe des Mindestlohns. Dieser Mindestlohn wird von Abs. 2 ab 1. Januar 2015 auf 8,50 Euro pro Std. festgelegt. Die Höhe des Mindestlohns kann von der Mindestlohnkommission durch Rechtsverordnung der Bundesregierung geändert werden.

Leider knüpfen sich an dieses Gesetz für die Praxis eine Reihe von Folgefragen, über die sich im MiLoG keine Aussagen finden. Angefangen vom Geltungsbereich des Gesetzes, über die Dokumentationspflichten und die Generalunternehmerhaftung bestehen noch viele Fragen, die wohl erst durch die Rechtsprechung geklärt werden[15].

Eines der größten Folgeprobleme für die Praxis ist jedoch die Berechnung des Mindestlohns. Auch zur Berechnung des Mindestlohns enthält das Gesetz keine Aussagen. Dabei drängen sich diese Fragen bereits bei kurzem Nachdenken auf. Wie berechnet sich der Mindestlohn z.B. bei erfolgsabhängiger Vergütung, wenn diese teilweise über, teilweise unter dem Mindestlohn liegt? Wird der Mindestlohn auch für Zeiten der Nichtarbeit – z.B. während Feiertagen, des Urlaubs oder einer Krankheit – geschuldet? Welche Entgeltbestandteile – z.B. Gratifikationen, Prämien und Sachleistungen – sind auf den Mindestlohn anzurechnen?[16]

Die Gesetzesmaterialien sind hier wenig ergiebig. Der Gesetzgeber sieht die Berechnung von Mindestlöhnen bereits durch die Rechtsprechung des EuGH und des BAG im Hinblick auf den Mindestentgeltsatz des AEntG als geklärt an[17]. Auf eine vom Bundesrat angeregte Klarstellung, welche Lohn-

---

15 Vgl. z.B. *Moll, Wilhelm/Päßler, Veit/Reich, Astrid* „Der gesetzliche Mindestlohn – Grundzüge, Praxisprobleme und Risiken“ MDR 2015,125.

16 Vgl. dazu z.B. *Jares, Patricia*, „Was gehört alles zum Mindestlohn?“, DB 2015, 307

17 BT-Drucks.18/1558, S. 67; EuGH vom 14.4.2005 – C 341/02 – NZA 2005, 573; vom 7.11.2013 – C 522/12 – NZA 2013, 1359; BAG vom 18.4.2012 – 4 AZR 168/10 – NZA 2013, 368.

bestandteile auf das Stundenentgelt anzurechnen sind, wurde deshalb verzichtet. Mittlerweile liegen eine Reihe erstinstanzlicher Entscheidungen zur Berechnung des Mindestlohns vor[18]. Bis sich das BAG zu allen Gesichtspunkten abschließend geäußert hat, wird einige Zeit vergehen. Müller liefert hier einen wertvollen und vor allen Dingen praxisbezogenen Beitrag zum Umgang mit dem Mindestlohn.

---

18 Z.B. ArbG Herford vom 11.09.2015 – 1 Ca 551/15 – ArbuR 2015, 459 zu Akkordzuschlägen; ArbG Herne vom 7.7.2015 – 3 Ca 648/15 – AuA 2015, 611 zu Weihnachtsgeld und zusätzlichem Urlaubsgeld; ArbG Bautzen vom 25.6.2015 – 1 Ca 1094/15 – ArbR 2015, 407 zu zusätzlichem Urlaubsgeld und Nachtarbeitszuschlägen; ArbG Düsseldorf vom 20.4.2015 – 5 Ca 1675/15 – AuA 2015, 434 zu Leistungsprämien.

Literaturverzeichnis

Arnold, Christian: „Zulagen für erbrachte Spätschichten können auf einen Mindestlohnanspruch angerechnet werden“, ArbRAktuell 2014, 539 – 540.

Baeck, Ulrich/Winzer, Thomas/Kramer, Nadine: „Neuere Entwicklungen im Arbeitsrecht – Zukunftsvisionen der „GroKo“ im Arbeitsrecht“, NZG 2014, 254 – 257.

Bamberger, Heinz Georg/Roth, Berberth: Beck'scher Online-Kommentar, BGB, C. H. Beck München, Stand 01.11.2015, Edition: 37, *zitiert:* BeckOK BGB/*Bearbeiter,* BGB § … Rn. …

Bauer, Jobst-Hubertus/Klebe, Thomas/Schunder, Achim: „Deutschlands Zukunft gestalten – Koalitionsvertrag zwischen CDU/CSU und SPD“, NZA 2014, 12 – 18, *zitiert: Bearbeiter* in Bauer/Klebe/Schunder, NZA 2014, 12 (…).

Bayreuther, Frank: „Der gesetzliche Mindestlohn“, NZA 2014, 865 – 874.

Berndt, Joachim: „Arbeits- und sozialversicherungsrechtliche Auswirkungen des Mindestlohngesetzes (MiLoG) – Was gehört zum Mindestlohn?“, DStR 2014, 1878 – 1887.

Bissels, Alexander/Falter, Kira/Evers, Markus: „Geltung des MiLoG bei Transitfahrten durch das Inland“ AbR 2015, 4 – 7.

Boemke, Burkhard: „Pflegebranche: Mindestlohn auch für Arbeitsbereitschaft und Bereitschaftsdienst“, jurisPR-ArbR 7/2015 Anm. 2;

– „Entgeltfortzahlung an Feiertagen und bei Arbeitsunfähigkeit“, jurisPR-ArbR 24/2015 Anm. 3.

Burkard-Pötter, Julia/Sura, Stephan: „Das Praktikum im neuen Gewand – Praxiseinblicke zwischen Mindestlohn und prekärem Beschäftigungsverhältnis“, NJW 2015, 517 – 522.

Calliess, Christian/Ruffert, Matthias: EUV/AEUV Das Verfassungsrecht der Europäischen Union mit Europäischer Grundrechtscharta Kommentar, C.H.Beck München, 4. Auflage 2011 *zitiert:* Calliess/Ruffert/*Bearbeiter, Gesetz,* Art. … Rn. …

Däubler, Wolfgang: „Der gesetzliche Mindestlohn – doch eine unendliche Geschichte?“ NJW 2014, 1924 – 1929.

Diringer, Arnd: „Mindestlohn: Weniger statt mehr!“, NZA Editorial 2/2014.

Dombrowsky; Alexander: „BAG: Mindestentgelt in der Pflegebranche“, Besprechung zum BAG, Urt. v. 19.11.2014 – 5 AZR 1101/12 – BB 2015, 510 – 512.

Düwell, Franz-Josef/Schubert, Jens: Mindestlohngesetz – Handkommentar, Nomos Verlag Baden-Baden, 1. Auflage 2015, *zitiert:* HaKo-MiLoG/*Bearbeiter, §* … Rn. …

Fischer, Ulrich: „Anrechnung von Leistungen auf einen Mindestlohnanspruch", jurisPR-ArbR 40/2014 Anm. 1.

Forst, Gerrit: „Arbeitnehmer – Beschäftigte – Mitarbeiter" RdA 2014, 157 – 165.

Forst, Gerrit/Degen, Jakob: „Mindestlohn und Sittenwidrigkeit" DB 2015, 863 – 867.

Gosch, Dietmar: Körperschaftssteuergesetz Kommentar, C. H. Beck München, 2. Auflage 2009, *ziterit:* Gosch/*Bearbeiter,* KStG § … Rn. …

Graf v. Westphalen, Friedrich/Thüsing, Gregor: Vertragsrecht und AGB-Klauselwerke, C.H.Beck München, 36. Ergänzungslieferung 2015, *zitiert:* Westphalen/*Bearbeiter, (Teil),* Rn. …

Greiner, Stefan/Strippelmann, Hagen: „Mindestlohn für Nichtarbeit? – Zum Verhältnis von Mindestlohnanspruch und Entgeltfortzahlung", BB 2015, 949 – 952.

Hauck, Karl/Noftz, Wolfgang: Sozialgesetzbuch (SGB) IX: Rehabilitation und Teilhabe behinderter Menschen – Kommentar, Erich Schmidt Verlag Berlin, 49. Ergänzungslieferung 2015, *zitiert:* Hauck/Noftz/*Bearbeiter,* SGB … § … Rn. …

Herzog, Roman/Scholz, Rupert/Herdegen, Matthias/Klein, Hans H.: Maunz/Dürig, Grundgesetz – Kommentar, C.H. Beck München, 73. Ergänzungslieferung 2014, *zitiert:* Maunz/Dürig/*Bearbeiter,* GG Art. … Rn. …

Jares, Patricia: „Was gehört alles zum Mindestlohn? Anrechnung von Zulagen, Zuschlägen und anderen Vergütungsbestandteilen", DB 2015, 307 – 310.

Jöris, Heribert/v. Steinau-Steinbrück, Robert: „Der gesetzliche Mindestlohn", BB 2014, 2101 – 2106.

Kocher, Eva: „»Je Zeitstunde« – zur Auslegung des § 1 Abs. 2 Satz 1 MiLoG", AuR 2015, 173 – 177.

Körner, Anne/Leitherer, Stehan/Mutschler, Bernd: Kasseler Kommentar Sozialversicherungsrecht, C.H.Beck München, 86. Ergänzungslieferung, Stand April 2015, *zitiert:* KassKomm/*Bearbeiter*, SGB … § … Rn. …

Kreikebohm, Ralf: SGB IV -Sozialgesetzbuch – Gemeinsame Vorschriften für die Sozialversicherung, C.H.Beck München, 2. Auflage 2014, *zitiert*: Kreikebohm/*Bearbeiter,* SGB IV § … Rn. …

Lakies, Thomas: Mindestlohngesetz – Basiskommentar zum MiLoG, Bund Verlag, 2. Auflage 2015, *zitiert: Lakies,* MiLoG § … Rn. …,

– „Allgemeiner gesetzlicher Mindestlohn mit Ausnahmen ab 2015" ArbR 2014, 343 – 346,

– „Rechtsprobleme des neuen Mindestlohngesetzes – ein erster Überblick", AuR 2014, 360 – 366.

Lambrich, Thomas/Mitius, Josefine: „Behandlung von monatlichem Pauschallohn nach dem Mindestlohngesetz – Berechnung, Fälligkeit und Fallstricke bei verstetigten Monatslöhnen nach § 2 MiLoG –„ DB 2015, 126 – 131.

Larenz, Karl/Canaris, Claus-Wilhelm: Methodenlehre der Rechtswissenschaft, Springer-Verlag Berlin/Heidelberg/New York, 3. Aufl. 1995, *zitiert: Larenz/Canaris,* S. …

Lembke, Mark: „Das Mindestlohngesetz und seine Auswirkungen auf die arbeitsrechtliche Praxis", NZA 2015, 70 – 78.

Lennart, Elking: „ArbG Berlin: Zur Anrechnung auf den Mindestlohn: Leistungszulage, Urlaubsgeld und Jahressonderzahlung", BB 2015, 1728.

Löwisch, Manfred: „Rechtsschutz gegen das Mindestlohngesetz", NZA 2014, 948 – 951.

Medicus, Dieter/Lorenz, Stephan: Schuldrecht I – Allgemeiner Teil, Ein Studienbuch, C. H. Beck München, 20. Auflage 2012, *zitiert: Medicus/Lorenz,* SchuldR I, Rn. …

Moll, Wilhelm: Münchener Anwaltshandbuch Arbeitsrecht, C. H. Beck München, 3. Auflage 2012, *zitiert:* Moll/*Bearbeiter,* MAH Arbeitsrecht § … Rn. …

Moll, Wilhelm/Katerndahl, Christoph: „Deutscher Mindestlohn auf der "Durchreise"? – Zur Geltung des gesetzlichen Mindestlohns bei Transitfahrten", DB 2015, 555 – 560.

Müller-Glöge, Rudi/Preis, Ulrich/Schmidt, Ingrid: Erfurter Kommentar zum Arbeitsrecht, C. H. Beck München, 16. Auflage 2016, *zitiert:* ErfK/*Bearbeiter,* Gesetz § … Rn. …

Natzel, Ivo: „Der Praktikant als Mindestlöhner", BB 2014, 2490 – 2493.

Nebel, Julian/Kloster, Timo: „Zur Entstehung, Fälligkeit und Unabdingbarkeit des Mindestlohnanspruchs", BB 2014, 2933 – 2937.

Neumann, Dirk/Pahlen, Ronald/Majerski-Pahlen, Monika: Sozialgesetzbuch IX – Rehabilitation und Teilhabe behinderter Menschen: SGB IX, 12. Auflage 2010, *zitiert:* NPM/*Bearbeiter, Gesetz* § … Rn. …

Picker, Christian: „Niedriglohn und Mindestlohn", RdA 2014, 25 – 36.

Picker, Christian/Sausmikat, Philipp: „Ausnahmsweise Mindestlohn?", NZA 2014, 942 – 948.

Preis, Ulrich/Ulber, Daniel: Ausschlussfristen und Mindestlohngesetz – Der Mindestlohn als unabdingbarer Sockelanspruch, Bund-Verlag Frankfurt am Main, 1. Auflage 2014, *zitiert: Preis/Ulber,* Ausschlussfristen und MiLoG, …

– Die Verfassungsmäßigkeit des allgemeinen gesetzlichen Mindestlohns, Rechtsgutachten, herausgegeben von der Hans-Böckler-Stiftung, Düsseldorf, September 2014, *zitiert: Preis/Ulber,* Die Verfassungsmäßigkeit des MiLoG, …

Richardi, Reinhard/Wlotzke, Otfried/Wißmann, Hellmut/Oetker, Hartmut: Münchener Handbuch zum Arbeitsrecht Bd. 1: Individualarbeitsrecht, C. H. Beck München, 3. Auflage 2009, *zitiert:* MüHdB-ArbR/*Bearbeiter, §* … Rn. …

Riechert, Christian/Nimmerjahn, Lutz: Mindestlohngesetz Kommentar, C. H. Beck München, 1. Auflage 2015, *zitiert: Riechert/Nimmerjahn,* MiLoG § … Rn. …

Rolfs, Christian/Giesen, Richard/Kreikebohm, Ralf/Udsching, Peter: Beck'scher Online-Kommentar, Arbeitsrecht, C. H. Beck München, Stand 01.09.2015, Edition: 37, *zitiert:* BeckOK ArbR/*Bearbeiter, Gesetz* § ... Rn. …

– Beck'scher Online-Kommentar, Sozialrecht, C. H. Beck München, Stand 01.09.2015, Edition: 39, *zitiert:* BeckOK SozR/*Bearbeiter, Gesetz* § … Rn. …

Röller, Jürgen: Küttner Personalbuch 2015 – Arbeitsrecht, Lohnsteuerrecht, Sozialversicherungsrecht, C.H. Beck München 22. Auflage 2015, *zitiert:* Küttner/*Bearbeiter,* Personalbuch 2015, *Stichwort,* Rn. ...

Rudkowski, Lena: „Mindestlohn bei der Verwaltung von Wohnungseigentum“, ZWE 2015, 11 – 15.

Säcker, Franz Jürgen/Rixecker, Roland: Münchener Kommentar zum Bürgerlichen Gesetzbuch, C.H. Beck München, Bd. 2, 6. Auflage 2012, Bd. 4, 6. Auflage 2012, Bd. 10, 6. Auflage 2015, *zitiert:* MüKoBGB/*Bearbeiter, Gesetz §* … Rn. …

Sagan, Adam/Witschen, Stefan: „Mindestlohn für alle? Zum Anwendungsbereich des Mindestlohngesetzes und dessen Kollision mit vertraglichen Entgeltabreden“, jM 2014, 372 – 379.

Schiefer, Bernd: „Die schwierige Handhabung der Jahressonderzahlungen“, NZA 1993, 1015 – 1024.

Schiefer, Bernd/Köster, Hans-Wilhelm/Pöttering, Johannes: „Umsetzung der arbeits- und sozialrechtlichen Vorhaben der Großen Koalition (Teil 1)“, DB 2014, 2891 – 2895.

Schmitz-Witte, Anita: „Hürden und Stolperfallen – Der Mindestlohn in der Praxis“, AuA 2015, 136 – 139.

Schubert, Jens/Jerchel, Kerstin/Düwell, Franz-Josef: Das neue Mindestlohngesetz – Grundlagen und Auswirkungen, Nomos Verlag Baden-Baden, 1. Auflage 2015, *zitiert: Schubert/Jerchel/Düwell,* Rn. ...

Schweibert, Ulrike/Leßmann, Jochen: „Mindestlohngesetz – der große Wurf?“, DB 2014, 1866 – 1871.

Senge, Lothar: Karlsruher Kommentar zum Gesetz über Ordnungswidrigkeiten, C.H. Beck München, 4. Auflage 2014, *zitiert:* KK-OWiG/*Bearbeiter,* OWiG § ... Rn. ...

Sittard, Ulrich: „Gilt das Mindestlohngesetz auch beim Kurzeinsatz in Deutschland?“, NZA 2015, 78 – 83.

Spielberger, Marc/Schilling, Angela: „Der Regierungsentwurf zum Gesetz über die Regelung eines allgemeinen Mindestlohns (MiLoG) – Eine Darstellung der wesentlichen Regelungen mit ersten kritischen Anmerkungen“ NZA 2014, 414 – 419

– „Das Gesetz zur Regelung eines allgemeinen Mindestlohns“ NJW 2014, 2897 – 2904.

Ulber, Daniel: „Die Erfüllung von Mindestlohnansprüchen“, RdA 2014, 176 – 182.

Viethen, Hans Peter: „Mindestlohn für Alle: materiell-rechtliche Probleme der Neuregelung“, NZA-Beilage 2014, 143 – 149.

Waltermann, Raimund: „Gesetzliche und tarifvertragliche Gestaltung im Niedriglohnsektor“, NZA 2013, 1041 – 1049;

– „Aktuelle Fragen des Mindestlohngesetzes“, AuR 2015, 166 – 173.

Wank, Rolf: „Der Mindestlohn“ RdA 2015, 88 – 94.

Wiedemann, Herbert: Das Arbeitsverhältnis als Austausch- und Gemeinschaftsverhältnis, C. F. Müller Karlsruhe, 1966, *zitiert: Wiedemann,* Das Arbeitsverhältnis als Austausch- und Gemeinschaftsverhältnis ...

Abkürzungsverzeichnis

aA	Andere Ansicht
Abs.	Absatz
Anm.	Anmerkung
AP	Arbeitsrechtliche Praxis
ArbR	Arbeitsrecht Aktuell
AuA	Arbeit und Arbeitsrecht
AuR	Arbeit und Recht
Ausschuss-Drs	Ausschussdrucksache
BAG	Bundesarbeitsgericht
BB	Betriebsberater
BeckOK ArbR	Beck'scher Online-Kommentar Arbeitsrecht
BeckOK BGB	Beck'scher Online-Kommentar BGB
BeckOK SozR	Beck'scher Online-Kommentar Sozialrecht
BeckRS	Beck-Rechtsprechung
ber.	berichtigt
Beschl. v.	Beschluss vom
BSG	Bundessozialgericht
BT-Drs.	Bundestagsdrucksache
BVerfG	Bundesverfassungsgericht
bzgl.	bezüglich
DB	Der Betrieb
ders.	derselbe
dies.	dieselben/dieselbe
DStR	Deutsches Steuerrecht
EuGH	Europäischer Gerichtshof
f.	folgend
ff.	folgende
gem.	gemäß
h.M.	herrschende Meinung
HaKo	Handkommentar
HS	Halbsatz
i.H.v.	in Höhe von

i.S.d.	im Sinne des/der
i.Ü.	im Übrigen
i.V.m.	in Verbindung mit
jM	juris – Die Monatszeitschrift
JurisPR-ArbR	juris PraxisReport Arbeitsrecht
krit.	kritisch
LAG	Landesarbeitsgericht
LAG B	Landesarbeitsgericht Berlin-Brandenburg
LAG BW	Landesarbeitsgericht Baden-Württemberg
LAG RP	Landesarbeitsgericht Rheinland-Pfalz
mwN	mit weiteren Nachweisen
NJW	Neue Juristische Wochenschrift
NZA	Neue Zeitschrift Arbeitsrecht
NZG	Neue Zeitschrift für Gesellschaftsrecht
NZS	Neue Zeitschrift für Sozialrecht
Nr.	Nummer
OS	Orientierungssatz
RdA	Recht der Arbeit
Rn.	Randnummer
Rs.	Rechtssache
S.	Satz
Slg.	Sammlung
s.o.	siehe oben
sog.	sogenannte(n)
st. Rspr.	ständige Rechtsprechung
u.a.	unter anderem
Urt. v.	Urteil vom
vgl.	vergleiche
VO	Verordnung
z. B.	zum Beispiel
ZDH	Zentralverband des Deutschen Handwerks
zust.	zustimmend
ZWE	Zeitschrift für Wohnungseigentumsrecht

A Einleitung

Im Jahr 2010 wurden in Deutschland 20,6 % aller Beschäftigten mit einem Lohn vergütet, der weniger als zwei Drittel des Medianbruttolohns ausmacht.[19] Mit diesem Anstieg von 1,9 % seit 2006 setzte sich nach den Worten des Präsidenten des Statistischen Bundesamtes Roderich Egeler „ein längerfristiger Trend fort".[20] Da die Tarifvertragsparteien nach Ansicht des Bundestags nicht dazu im Stande zu sein schienen, diesem Trend effektiv entgegenzuwirken,[21] wurde im Rahmen des Tarifautonomiestärkungsgesetzes[22] mit Wirkung zum 1. Januar 2015 erstmalig ein allgemeingültiger und flächendeckender Mindestlohn in Deutschland eingeführt.

Die Reaktionen auf dieses Gesetzesvorhaben sind überwiegend negativ ausgefallen. Während in der Boulevardpresse teilweise davor gewarnt wurde, dass der „Mindestlohn unser Leben teurer"[23] machen würde, bezeichneten andere ihn sogar als „Prakitkumskiller"[24].

Auch in der Fachliteratur war man sich zumindest dahingehend einig, dass das Mindestlohngesetz vor allem viele Probleme mit sich bringt, die bislang ungeklärt sind und nun eine große Rechtsunsicherheit nach sich ziehen.[25]

---

19 Statistisches Bundesamt, Pressemitteilung v.10.09.2012 – 308/12.

20 *Egeler, Roderich*, Statement zur Pressekonferenz „Niedriglohn und Beschäftigung 2010, v. 10.09.2012, Seite 6, https://www.destatis.de/DE/PresseService /Presse/Pressemitteilungen/2012/09/PD12_308_62pdf.pdf?__blob=publicationFile (zuletzt abgerufen am 31.07.2015).

21 BT-Drs. 18/1558, 26 f.

22 Gesetz zur Stärkung der Tarifautonomie (Tarifautonomiestärkungsgesetz) v. 11.08.2014, BGBl. I, 1348.

23 Bild.de, „So macht der Mindestlohn unser Leben teurer" vom 25.11.2014, http://www.bild.de/geld/wirtschaft/mindestlohn/so-macht-der-mindestlohn-unser-leben-teurer-39087470.bild.html (zuletzt abgerufen am 31.07.2015).

24 *Naumann*, „So wird der Mindestlohn zum Praktikumskiller" in DIE WELT v. 27.12.2014, Nr. 301, 10, https://www.wiso-net.de:443/document/WELT__131060833, (zuletzt abgerufen am 31.07.2015)

25 So schon zum Entwurf: *Bayreuther*, NZA 2014, 865; *Spielberger/Schilling*, NZA 2014, 414 (416); *Viethen*, NZA-Beilage 2014, 143 ff.

Jede große Gesetzesänderung im Arbeitsrecht wirft viele Fragen auf und sorgt oftmals auch für große Unsicherheit in der breiten Schicht der Bevölkerung. Betroffen sind in diesem Falle sowohl die Seite der Arbeitnehmer, als auch die der Arbeitgeber, da das MiLoG für beide Seiten weitreichende Folgen haben kann.

Die vorliegende Abhandlung befasst sich mit den wichtigsten Fragen zum MiLoG hinsichtlich des laufenden Arbeitsverhältnisses. Der Fokus liegt hierbei auf den Problemfeldern bei der Berechnung und der Auszahlung des Mindestlohns nach dem MiLoG. Ziel dieser Arbeit ist es, Unklarheiten beim Umgang mit dem Mindestlohn weitestgehend zu beseitigen und zu höchstrichterlich nicht abschließend geklärten Fragen zumindest die wahrscheinlichsten Ergebnisse aufzuzeigen.

Eingangs erfolgt eine Bestimmung des Anwendungsbereichs sowohl in räumlicher, sachlicher als auch in zeitlicher Hinsicht. Insbesondere erscheint der zukünftige Umgang mit Praktikanten unklar. Diese gelten zwar nicht als Arbeitnehmer, werden jedoch im Rahmen des MiLoG grundsätzlich dazugezählt. Für Praktikanten sieht das Gesetz sodann teilweise befristete Ausnahmen vor, die den Anwender vor die Frage der richtigen Auslegung und Handhabung stellen.

Der zweite Teil befasst sich mit den rechtlichen Problemen der Berechnung des Mindestlohns. Hierbei wird zunächst das Verhältnis zur Sittenwidrigkeitsgrenze sowie zu Zeiten der Nichtarbeit bewertet. Zu klären ist, ob der Mindestlohn die Rechtsprechung zur Sittenwidrigkeit zukünftig vollständig bzw. teilweise verdrängt oder ob die Rechtsprechung losgelöst von den neuen Regelungen weiterbesteht. Weiterhin ist umstritten, ob auch für die Zeiten der Nichtarbeit ein Anspruch auf Mindestlohn besteht. Problematisch ist hier, ob sich ein solcher Anspruch direkt aus dem MiLoG ergibt.

Schließlich erfolgt eine Darstellung, unter welchen Voraussetzungen Lohnbestandteile auf die Mindestlohnansprüche angerechnet werden können. Hierzu erfolgt eine abstrakte Verortung, inwiefern sich der Zahlungszweck und -zeitraum auf die Mindestlohnwirksamkeit auswirken, gefolgt von der konkreten Anwendung auf einige Beispiele.

Im dritten Teil werden die richtige Handhabung der Fälligkeitstermine sowie der Ausnahmen mittels eines Arbeitszeitkontos thematisiert. Insbesondere hinsichtlich drohender bußgeldrechtlicher Konsequenzen ist hier der rechtssichere Umgang bei der rechtzeitigen Auszahlung des Mindestlohns bzw. der formal richtigen Gestaltung und Führung der Arbeitszeitkonten geboten.

Schlussendlich folgt eine kurze Darstellung der herausgearbeiteten Ergebnisse.

B Anwendungsbereich

Die rechtlichen Probleme bei der Berechnung und Auszahlung des Mindestlohns nach dem MiLoG können sich nur als relevant erweisen, sofern der Anwendungsbereich der gesetzlichen Regelungen eröffnet ist.

Demnach ist zunächst in jedem Einzelfall zu prüfen, ob sowohl der persönliche, als auch der räumliche Anwendungsbereich eröffnet ist.

I Persönlicher Anwendungsbereich

1 Arbeitnehmerbegriff

Der persönliche Anwendungsbereich bestimmt sich nach § 22 MiLoG. Hiernach gilt das Gesetz zunächst für alle Arbeitnehmer, § 22 Abs. 1 S. 1 MiLoG.[26] Das MiLoG enthält jedoch keine eigenständige Definition darüber, wer als Arbeitnehmer i.S.d. Gesetzes anzusehen ist.

Der Arbeitnehmerbegriff hat in der Rechtsprechung und Literatur eine allgemeingebräuchliche Bedeutung.[27]

Wird ein solcher Begriff vom Gesetzgeber ohne Definition verwendet, ist davon auszugehen, dass er sich dieser Bedeutung bewusst war und sie übernehmen wollte.[28] Dies gilt umso mehr, wenn bei der Bestimmung des Begriffes Einschränkungen und/oder Ergänzungen, wie vorliegend in § 22 Abs. 1 S. 2 f. MiLoG vorgenommen werden.[29] Es ist daher nach zutreffen-

---

[26] Zur Verbesserung der Lesbarkeit wird ausschließlich die grammatikalisch männliche Form genutzt.

[27] ErfK/*Preis*, BGB § 611 Rn. 34 ff.

[28] BAG, Beschl. v. 12.02.1992 – 7 ABR 42/91 – NZA 1993, 334, unter B.II.1.

[29] Vgl. BAG, Beschl. v. 17.10.1990 – 7 ABR 66/89 – BeckRS 2008, 54160, unter B.IV.2.a); BAG, Beschl. v. 12.02.1992 – 7 ABR 42/91 – NZA 1993, 334, unter B.II.1.; BAG, Urt. v. 21.06.1983 – 7 AZR 11/83 – BeckRS 1983, 04968, unter I.2.c).

der h. M. von der Anwendung des allgemeinen Arbeitnehmerbegriffs auszugehen.[30] Als Arbeitnehmer gilt demnach, wer auf Grund eines privatrechtlichen Vertrags im Dienste eines anderen zur Leistung weisungsgebundener, fremdbestimmter Arbeit in persönlicher Abhängigkeit verpflichtet ist.[31]

Ausgangspunkt für die Bewertung des Rechtsverhältnisses ist stets der zwischen den Parteien geschlossene Vertrag. Vereinbaren die Vertragsparteien ausdrücklich, dass ein Arbeitsverhältnis vorliegen soll, ist ein solches in aller Regel unter Anwendung des Arbeitsrechts als begründet anzusehen.[32] In diesen Fällen ist es unschädlich, wenn das Dienstverhältnis auch anders hätte ausgestaltet werden können.[33]

Liegt eine solche Vereinbarung vor, ist unabhängig von der tatsächlichen Arbeitnehmereigenschaft anzunehmen, dass der Anwendungsbereich des MiLoG zumindest kraft Vertrages eröffnet ist.

Ist der Vertrag jedoch nicht als Arbeitsverhältnis bezeichnet, erfolgt als erstes die Prüfung, ob das Rechtsverhältnis überhaupt der Gruppe der Dienstverträge (§ 611 BGB) zuzuordnen ist.[34]

Hierbei kommt es nicht auf die Vertragsbezeichnung an. Vielmehr ist der Vertragsinhalt objektiv zu bewerten und auf die tatsächliche Durchführung abzustellen.[35] Weicht der vertraglich festgelegte Inhalt von dem tatsächlich

---

30 *Schubert/Jerchel/Düwell*, Rn. 84; HaKo-MiLoG/*Schubert/Jerchel,* § 22 Rn. 8; BeckOK ArbR/*Greiner,* MiLoG § 22 Rn. 1; ErfK/*Franzen,* MiLoG § 22 Rn. 1; im Ergebnis auch: *Berndt,* DStR 2014, 1878; *Schmitz-Witte,* AuA 2015, 136, *Viethen*, NZA-Beilage 2014, 143 (144).

31 St. Rspr.: BAG, Beschl. V. 03.06.1975 – 1 ABR 98/74 – AP BetrVG 1972 § 5 Rotes Kreuz Nr. 1; BAG, Urt. v. 17. 4. 2013 – 10 AZR 272/12 – NZA 2013, 903 Rn. 15.

32 BAG, Urt. v. 21.04.2005 – 2 AZR 125/04 – AP KSchG 1969 § 1 Betriebsbedingte Kündigung Nr. 134, unter II.2.c) mwN.

33 BAG, Urt. v. 21.04.2005 – 2 AZR 125/04 – AP KSchG 1969 § 1 Betriebsbedingte Kündigung Nr. 134; BAG, Urt. v. 12.09.1996 – 5 AZR 1066/94 – NZA 1997, 194 (196) unter II.2.

34 ErfK/*Preis,* BGB § 611 Rn. 59.

35 BAG, Beschl. v. 22.03.1995 – 5 AZB 21/94 – NZA 1995, 823 (832).

durchgeführten Geschäftsinhalt ab, so kommt es maßgeblich auf die tatsächliche Durchführung des Vertragsverhältnisses an.[36]

Anschließend ist dann die Abgrenzung des Arbeitsverhältnisses zu sonstigen Dienstverhältnissen vorzunehmen.

a) Freie Mitarbeiter/Selbstständig Tätige

Große Schwierigkeiten bei der Abgrenzung ergeben sich insbesondere im Fall der sog. „freien Mitarbeiter“. Diese werden nicht vom allgemeinen Arbeitnehmerbegriff und somit nicht vom Anwendungsbereich des MiLoG erfasst.[37]

Hauptunterschied zwischen diesen beiden Dienstverhältnissen ist der Grad der persönlichen Abhängigkeit.[38] Dieser bestimmt sich nach der Ausgestaltung des Weisungsrechts eines Vertragspartners gegenüber dem anderen, also inwiefern der Dienstherr den Inhalt, die Durchführung sowie Zeit, Dauer und Ort der Tätigkeit bestimmen kann.

Selbstständig ist, wer im Wesentlichen frei seine Tätigkeit gestalten und seine Arbeitszeit bestimmen kann, vgl. § 84 Abs. 1 S. 2 HGB. Im Umkehrschluss ist demnach derjenige als Arbeitnehmer zu qualifizieren, der dies auf Grund der vertraglichen und weisungsrechtlichen Einschränkungen nicht vermag, vgl. § 84 Abs. 1 S. 2, Abs. 2 HGB.[39] Als Abgrenzungskriterien können die arbeitsorganisatorische Abhängigkeit, die Personengebundenheit der Arbeitsleistung sowie die Eigenart der Tätigkeit betrachtet werden.[40]

---

36 St. Rspr., vgl. u.a. BAG, Urt. v. 29. 8. 2012 – 10 AZR 499/11 – NZA 2012, 1433 Rn. 15 mwN.

37 *Schmitz-Witte,* AuA 2015, 136.

38 BAG, Urt. v. 17.04.2013 – 10 AZR 272/12 – NZA 2013, 903 Rn. 15.

39 BAG, Urt. v. 25.05.2005 – 5 AZR 347/04 – BAGE 115, 1 = AP BGB § 611 Abhängigkeit Nr. 117, unter I.

40 MüKoBGB/*Müller-Glöge*, BGB § 611 Rn. 174 ff.

b) Arbeitnehmerähnliche Personen

Einen Sonderfall der Selbstständigen stellen die arbeitnehmerähnlichen Personen dar.[41] Diese fallen zwar auf Grund der fehlenden persönlichen Abhängigkeit[42], ebenso wie freie Mitarbeiter oder selbständig tätige Personen (s. o.), nicht unter den allgemeinen Arbeitnehmerbegriff, jedoch tritt an die Stelle der persönlichen Abhängigkeit die wirtschaftliche Unselbstständigkeit.[43] Für arbeitnehmerähnliche Personen ist zudem eine soziale Schutzbedürftigkeit kennzeichnend, welche mit der eines Arbeitnehmers vergleichbar ist.[44] Eine wirtschaftliche Unselbstständigkeit liegt vor, wenn der Beschäftigte auf die Einkünfte aus der Tätigkeit für den Vertragspartner zur Sicherung seiner Existenzgrundlage angewiesen ist.[45] Die vergleichbare soziale Schutzbedürftigkeit ist hingegen dann anzunehmen, wenn die Abhängigkeit des Arbeitnehmers nach der Verkehrsanschauung einen Grad erreicht hat, der sonst nur in einem Arbeitsverhältnis vorkommt.[46]

Auf Grund dieser Unselbstständigkeit und Schutzbedürftigkeit werden arbeitnehmerähnliche Personen in bestimmten Bereichen den Arbeitnehmern gleichgestellt. Gesetzliche Sonderregeln für diesen Personenkreis finden sich u.a. in § 2 BurlG, § 12a TVG, § 17 Abs. 1 S. 2 BetrAVG, § 2 Abs. 2 Nr. 3 ArbSchG, § 5 Abs. 1 ArbGG, § 6 Abs. 1 Nr. 3 AGG und § 20 Abs. 2 BEEG.

Auch Heimarbeiter gelten, als Untergruppe der arbeitnehmerähnlichen Personen.[47] Für sie finden sich weitere Vorschriften im HAG selbst, sowie in § 5 Abs. 1 S. 2 BetrVG und §§ 10, 11 EFZG.

---

[41] Küttner/*Röller,* Personalbuch 2015, Arbeitnehmerähnliche Personen, Rn. 1.

[42] BAG, Beschl. v. 15.04.1993 – 2 AZB 32/92 – NZA 1993, 789 (790 f.).

[43] BAG, Urt. v. 15.11.2005 – 9 AZR 626/04 – AP BGB § 611 Arbeitnehmerähnlichkeit Nr. 12, unter I.1.a)bb).

[44] BGH, Beschl. v. 21.10.1998 – VIII ZB 54/97- NZA 1999, 110, unter II.3.a).

[45] BAG, BEschl. v. 21.02.2007 – 5 AZB 52/06- BAGE 121, 304 = NZA 2007, 699 Rn. 11 mwN.

[46] BAG, Urt. v. 02.10.1990 – 4 AZR 106/90 – BAGE 66, 95 = NZA 1991, 239 (240).

[47] MüKoBGB/*Müller-Glöge*, BGB § 611 Rn. 517.

Im Gesetzgebungsverfahren ist die Anwendbarkeit des MiLoG auf Selbstständige sowie auf die Untergruppe der arbeitnehmerähnlichen Personen weitestgehend nicht erörtert worden. Auf Grund der mit einem Arbeitnehmer vergleichbaren sozialen Lage wird die Einbeziehung der arbeitnehmerähnlichen Personen in den Anwendungsbereich des MiLoG vereinzelt[48] nicht ausgeschlossen.

Dies steht zumindest dem Sinn und Zweck des Gesetzes nicht entgegen. So ist laut der Gesetzesbegründung[49] der Ausgleich von sozialen Missständen und die Stärkung der sozialen Sicherungssysteme ein wichtiger Grund für die Einführung eines flächendeckenden Mindestlohns. Bezug genommen wird an dieser Stelle auf eine verfassungsrechtliche Entscheidung[50], wonach insbesondere durch sog. „Aufstocker“ eine erhebliche Belastung des sozialen Sicherungssystems entstehe. Dies geschehe dann, wenn Arbeitnehmer im Niedriglohnbereich so wenig verdienen, dass sie zusätzlich zum Entgelt noch Leistungen aus der Sozialhilfe in Anspruch nehmen müssen.

Nach einer Ansicht berge die fehlende Anwendung des MiLoG auf arbeitnehmerähnliche Personen auch ökonomische Gefahren.[51] Mangels einer vergütungsrechtlichen Untergrenze in Form des MiLoG könne mithilfe der arbeitnehmerähnlichen Personen ein Angebot an billigen Arbeitskräften geschaffen werden. Diese seien auch zusätzlich nicht an die Grenzen des ArbZG gebunden. Es müsse daher angenommen werden, dass verstärkt auf diese Arbeitskräfte zur Umgehung der Schutzvorschriften und aus Gründen der Kostensenkung zurückgegriffen wird. Dies würde den Aufbau sozialversicherungspflichtiger Beschäftigung gerade im Niedriglohnbereich eher beeinträchtigen statt stärken.[52] Folglich sei ein Anstieg der Anzahl an

---

48 Ausdrücklich offen gelassen: *Schmitz-Witte,* AuA 2015, 136; eher ablehnend *Schiefer/Köster/Pöttering,* DB 2014, 2891 (2892).

49 BT-Drs. 18/1558, 27 f. sowie 63

50 Vgl. BVerfG, Beschl. v. 20.03.2007 – 1 BvR 1047/05 – NZA 2007, 609 Rn. 36.

51 So in etwa *Däubler,* NJW 2014, 1924, 1926; vgl. aber auch *Waltermann,* NZA 2013, 1041 (1046); *ders.* AuR 2015, 166 (169), unter IV ZDH in BT-Drs. 18/2010 (neu), 11.

52 Bereits der ZDH in BT-Drs. 18/2010 (neu), 11.

Grundsicherungsempfänger, und damit eine Mehrbelastung der sozialen Sicherungssysteme, zu befürchten.[53]

Eine Einbeziehung der arbeitnehmerähnlichen Personen in den Anwendungsbereich des MiLoG erscheint aus vorbenannten Gründen durchaus sinnvoll. Jedoch sind diese in den Vorschriften, die auf sie anzuwenden sind (s.o.), immer explizit aufgeführt. Es ist daher davon auszugehen, dass der Gesetzgeber sie hier ebenfalls explizit aufgeführt hätte, wenn er diese Gruppe auch in den Anwendungsbereich des MiLoG hätte fassen wollen.

Mangels eines solchen ausdrücklichen Verweises sind arbeitnehmerähnliche Personen daher nicht in den Anwendungsbereich des Gesetzes zu fassen.

c) Schwerbehinderte

Im Fall eines Beschäftigten mit Schwerbehindertenstatus sind unterschiedliche Fallgruppen zu betrachten.

Ein Mensch gilt als behindert, wenn seine körperliche Funktion, geistige Fähigkeit und/oder seelische Gesundheit mit hoher Wahrscheinlichkeit länger als sechs Monate von dem für das Lebensalter typischen Zustand abweicht und daher seine Teilhabe am Leben in der Gesellschaft beeinträchtigt ist, § 2 Abs. 1 S. 1 SGB IX. Liegt der Grad der Behinderung bei mindestens 50, gilt diese Person als schwerbehindert i.S.d. §§ 68 ff. SGB IX, § 2 Abs. 2 SGB IX.

Handelt es sich bei dem Beschäftigten um einen Arbeitnehmer i.S.d. allgemeinen Arbeitnehmerbegriffs, ist das MiLoG uneingeschränkt anwendbar.

Anders verhält es sich jedoch, wenn schwerbehinderte Beschäftigte in einer Werkstatt i.S.d. § 138 Abs. 1 SGB IX tätig sind. Nach der vorbenannten Vorschrift stehen diese Beschäftigten in einem arbeitnehmerähnlichen Rechtsverhältnis. Dies resultiert daraus, dass einer solchen Werkstatttätigkeit nicht die Arbeitsleistung, sondern der therapeutische Effekt der Arbeit

---

53 Bereits *Däubler,* NJW 2014, 1924, 1926; vgl. aber auch *Waltermann,* NZA 2013, 1041 (1046); *ders.* AuR 2015, 166 (169), unter IV.

im Vordergrund steht.[54] Durch die Klassifizierung als arbeitnehmerähnliche Person soll den Beschäftigten i.S.d. § 138 Abs. 1 SGB IX lediglich ein arbeitsrechtlicher Mindestschutz[55] zu Gute kommen, welcher sich jedoch vor allem auf die Vorschriften über die Arbeitszeit, Urlaub, Entgeltfortzahlung, Mutterschutz und Elternzeit beschränken soll.[56]

Mangels ausdrücklicher Einbeziehung dieser Beschäftigtengruppe kann daher nichts anderes, als für andere arbeitnehmerähnliche Personen gelten.

Das MiLoG ist somit auf Grund des arbeitnehmerähnlichen Rechtsverhältnisses auch nicht auf schwerbehinderte Beschäftigte anzuwenden, die einer Tätigkeit nach § 138 Abs. 1 SGB IX nachgehen.[57]

2 Regelausnahmen

Auch aus dem Gesetzeswortlaut des MiLoG selbst ergeben sich Regelausnahmen für Fälle, in denen es, wenn auch zeitlich begrenzt, keine Anwendung finden soll.

a) Praktikanten

Gem. § 22 Abs. 1 S. 2 HS 1 MiLoG gelten auch Praktikanten grundsätzlich[58] als Arbeitnehmer i.S.d. Gesetzes. Hierbei wird die Bestimmung des Praktikumsbegriffs nach § 26 BBiG und der Legaldefinition des § 22 Abs. 1 S. 3 MiLoG vorgenommen.

In § 26 BBiG wird bestimmt, wann Vorschriften des BBiG auf andere Vertragsverhältnisse Anwendung finden. Als Praktikum i.S.d Vorschrift gelten Rechtsverhältnisse, in denen vorübergehend eine bestimmte betriebliche Tätigkeit im Rahmen einer Gesamtausbildung durchlaufen wird, ohne eine

---

54 NPM/*Pahlen*, SGB IX § 138 Rn. 11.

55 Hauck/Noftz/*Götze*, SGB IX § 138 Rn. 6.

56 BeckOK SozR/*Jabben*, SGB IX § 138 Rn. 6; NPM/*Pahlen*, SGB IX § 138 Rn. 12.

57 Vgl. *Schmitz-Witte,* AuA 2015, 136 (137).

58 BT-Drs. 18/2010 (neu), 24: „Regel-Ausnahme-Verhältnis“.

systematische Berufsausbildung zu absolvieren.[59] Hierbei sollen erstmalige[60] berufliche Kenntnisse, Fertigkeiten oder Erfahrungen vermittelt werden.

Nach der Legaldefinition des MiLoG ist Praktikant, wer sich für eine begrenzte Dauer einer betrieblichen Tätigkeit zum Erwerb praktischer Kenntnisse und Erfahrungen zur Vorbereitung auf eine berufliche Tätigkeit unterzieht, ohne dass es sich dabei um eine Berufsausbildung im Sinne des Berufsbildungsgesetz (BBiG) oder um eine damit vergleichbare praktische Ausbildung handelt, § 22 Abs. 1 S. 3 MiLoG. Maßgeblich ist auch hier die tatsächliche Ausgestaltung und Durchführung des Vertragsverhältnisses.

Trotz der teilweisen Dopplung[61] der Tatbestandsmerkmale nach dem § 26 BBiG und der Definition aus § 22 Abs. 1 S. 3 MiLoG,[62] bedarf es einer einheitlichen Prüfung. Die Merkmale des BBiG sowie die Ergänzungen[63] aus dem MiLoG müssen dabei kumulativ vorliegen.[64]

Hinsichtlich des Praktikumsbegriffs nach § 26 BBiG ist an erster Stelle eine Abgrenzung gegenüber dem Arbeitsverhältnis vorzunehmen. Ein Praktikum liegt nur dann vor, wenn der Erwerb beruflicher Kenntnisse bzw. Fähigkeiten und nicht die Arbeitsleistung zweifelsfrei[65] im Vordergrund steht.[66] Es ist jedoch unschädlich, wenn die Tätigkeiten des Praktikanten einen verwertbaren Nutzen für den Arbeitgeber darstellen.[67]

---

59 BAG, Urt. v. 13.03.2003 – 6 AZR 564/01 – BeckRS 2008, 54164,unter II.2.b).

60 BAG, Urt. v. 12.2.2013 – 3 AZR 120/11 – NZA 2014, 31 Rn. 12 mwN.

61 Entstanden aus dem Wunsch der Rechtsklarheit: BT-Drs. 18/2010 (neu), 24.

62 *Bayreuther*, NZA 2014, 865 (871) Fn. 55.

63 Für die gleiche Prüfungsreihenfolge: Vgl. *Picker/Sausmikat*, NZA 2014, 942 (945).

64 Vgl. BeckOK ArbR/*Greiner*, MiLoG § 22 Rn. 12.

65 LAG BW, Urt. v. 08.2.2008 – 5 Sa 45/07 – NZA 2008, 768 (769 f.), Rn. 31.

66 BAG, Urt. v. 05.12.2002 – 6 AZR 216/01 – AP BBiG § 19 Nr. 2, unter I.1.

67 LAG RP, Urt. v. 10.8.2006 – 4 Sa 386/06 – BeckRS 2007, 41825; LAG BW (siehe Fn. 65), NZA 2008, 768 (769 f.) Rn. 31.

Die Trennung zwischen Praktikum und Arbeitsverhältnis genügt allerdings nicht. Vielmehr hat eine weitere Abgrenzung von der systematischen Berufsausbildung zu erfolgen,[68] in welcher auch der Lern- und Ausbildungszweck in Vordergrund steht.[69]

Eine systematische Berufsausbildung liegt vor, wenn hierdurch eine berufliche Handlungsfähigkeit, also die für die Ausübung einer qualifizierten beruflichen Tätigkeit notwendigen Fähigkeiten und Kenntnisse, in einem geordneten Ausbildungsgang vermittelt und erforderliche Berufserfahrung erworben wird, § 1 Abs. 3 BBiG. Ziel einer Berufsausbildung ist es daher, umfassend für einen bestimmten Beruf auszubilden.[70] Systematische Berufsausbildungen liegen insbesondere vor, wenn diese gem. § 4 BBiG staatlich anerkannt bzw. gem. § 5 BBiG über eine staatliche Ausbildungsordnung verfügen.[71] Liegt eine solche Anerkennung bzw. Ausbildungsordnung nicht vor, spricht dies eher für ein Praktikum als ein Ausbildungsverhältnis.

Um dem Praktikumsbegriff der Definition nach § 22 Abs. 1 S. 3 MiLoG zu entsprechen, bedarf es einer zusätzlichen[72] Abgrenzung von praktischen Ausbildungen, die mit einer Berufsausbildung vergleichbar sind. Durch Einführung dieses weiteren Tatbestandes soll eine Angleichung von vergleichbaren praktischen Ausbildungen erfolgen. Hiervon sind solche Ausbildungen umfasst, die im Wege eines geordneten Ausbildungsgangs eine berufliche Handlungsfähigkeit i.S.d. § 1 Abs. 3 BBiG vermitteln, ohne selbst eine Ausbildung im eigentlichen Sinne darzustellen.[73] Zur Einordnung einer solchen Ausbildung kann sich an der Rechtsprechung zum § 78 a BetrVG[74] orientiert werden.[75]

---

68 *Picker/Sausmikat*, NZA 2014, 942 (945).

69 *Burkard-Pötter/Sura*, NJW 2015, 517 (518).

70 *Picker/Sausmikat*, NZA 2014, 942 (945).

71 BAG, Urt. v. 17.07.2007 – 9 AZR 1031/06 – BAGE 123, 255 = NZA 2008, 416 Rn. 16 f.; BAG.

72 Vgl. ErfK/*Franzen,* MiLoG § 22 Rn. 7.

73 *Picker/Sausmikat*, NZA 2014, 942, 946; BeckOK ArbR/Greiner, MiLoG § 22 Rn. 15.

74 BAG, Urt. v. 01.12. 2004 – 7 AZR 129/04 – NZA 2005, 779 (780) unter II.2.

75 So auch *Picker/Sausmikat*, NZA 2014, 942 (946); BeckOK ArbR/Greiner, MiLoG § 22 Rn. 15.

Laut dieser sind Ausbildungsberufe als vergleichbar anzusehen, wenn sie eine geordnete Ausbildung mit einer Dauer von mindestens zwei Jahren vorsehen. Begründet wird die Mindestdauer mit dem Mindestinhalt einer Ausbildungsordnung, welche nach § 5 Abs. 1 Nr. 2 BBiG eine Ausbildungsdauer zwischen zwei und drei Jahren vorsehen soll.[76] Da auch bei anerkannten Ausbildungsberufen eine Verlängerung bzw. Verkürzung der Ausbildungsdauer möglich ist (§ 8 BBiG), kann dieses zeitliche Kriterium für die Feststellung eines vergleichbaren Ausbildungsberufs i.S.d. § 22 Abs. 1 S. 3 MiLoG allenfalls als Richtwert gelten.[77]

Ein weiteres Indiz für einen vergleichbaren Ausbildungsberuf ist das Vorliegen eines Ausbildungsplanes. Dieser kann durch Tarifvertrag oder einzelvertragliche Vereinbarung bestimmt werden und muss mit dem Plan eines anerkannten Ausbildungsberufes vergleichbar sein. Eine Orientierung an dem Mindestinhalt der Ausbildungsordnung nach § 5 Abs. 1 BBiG ist hier empfehlenswert.[78]

Teilweise wird auch der branchenweite Konsens, über die Notwendigkeit einer Ausbildung für den Berufseinstieg, als zwingende Voraussetzung angesehen.[79] Dies kann jedoch lediglich als Indiz gewertet werden. Eine anerkannte Ausbildung verliert auch nicht ihren Status als Berufsausbildung, sobald die Branche der Meinung ist, dass diese nicht (mehr) notwendig sei. Somit muss es auf die objektive Ausgestaltung und die daraus resultierende Vergleichbarkeit zur anerkannten Ausbildung ankommen.[80]

---

[76] Bereits: BAG, Urt. v. 23.06.1983 – 6 AZR 595/80 – AP BetrVG 1972 § 78a Nr. 10, unter II.2.a); bestätigt durch BAG, (siehe Fn. 74) NZA 2005, 779, 780 unter I.2.

[77] BeckOK ArbR/Greiner, MiLoG § 22 Rn. 15; *Picker/Sausmikat*, NZA 2014, 942 (946).

[78] *Picker/Sausmikat*, NZA 2014, 942 (946).

[79] BeckOK ArbR/Greiner, MiLoG § 22 Rn. 15.

[80] Vgl. *Picker/Sausmikat*, NZA 2014, 942 (946), die diese Voraussetzungen nicht einbezogen haben.

Nach alledem bleibt festzuhalten, dass eine Tätigkeit eher als vergleichbare praktische Ausbildung i.S.d. § 22 Abs. 1 S. 3 MiLoG und nicht als Praktikum zu werten ist, je ähnlicher sie einer anerkannten Berufsausbildung nach dem BBiG in Bezug auf Umfang, Struktur und Inhalt ist.

Fällt eine Tätigkeit grundsätzlich als Praktikum in den Anwendungsbereich des MiLoG, muss im nächsten Schritt geprüft werden, ob ein Ausnahmetatbestand des § 22 Abs. 1 MiLoG einschlägig ist.

So sind gem. § 22 Abs. 1 S. 2 Nr. 1 MiLoG Pflichtpraktika, die auf Grund einer Schul-, Ausbildungs- oder Studienordnung zu leisten sind, vom Anwendungsbereich ausgeschlossen. Diese Ausnahmeregelung hat weitestgehend lediglich deklaratorische Wirkung,[81] da weder die in einem Studium integrierten Praktika[82] noch die Praxisphasen eines dualen Studienganges[83] unter den Anwendungsbereich des § 26 BBiG fallen. Dies wird auch ausdrücklich in § 3 Abs. 2 Nr. 1 BBiG klagestellt.[84]

Grundlage für die (hoch-)schulrechtliche Bestimmung i.S.d. § 22 Abs. 1 S. 2 Nr. 1 MiLoG können ausweislich der Gesetzesbegründung[85] nicht nur Schul- bzw. Hochschulgesetze der Bundesländer sein. Auch Vereinbarungen, wie z. B. Kooperationsverträge zwischen Hochschulen und Unternehmen können eine solche Grundlage bilden.[86] Weiterhin sind Schulpraktika, sowie obligatorische Vorpraktika als Zulassungsvoraussetzung für Studiengänge von dieser Regelung erfasst.[87]

Eine weitere Regelausnahme vom Anwendungsbereich des MiLoG liegt gem. § 22 Abs. 1 S. 2 Nr. 2 MiLoG für Praktika von bis zu drei Monaten

---

81 *Picker/Sausmikat*, NZA 2014, 942, 946 f.; *Natzel*, BB 2014, 2490, 2491.

82 BAG, Urt. v. 19.06.1974 – 4 AZR 436/73 – AP BAT § 3 Nr. 3, unter IV.; BAG, Urt. v. 03.09.1998 – 8 AZR 14/97 – BeckRS 1998 30371274, unter III.; BAG, Urt. v. 18.11.2008 – 3 AZR 312/07 – AP BGB § 611 Ausbildungsbeihilfe Nr. 43, Rn 17 f.

83 BeckOK ArbR/*Hagen*, BBiG § 26 Rn. 6; ErfK/*Schlachter*, BBiG § 26 Rn. 4.

84 ErfK/*Schlachter*, BBiG § 3 Rn. 2.

85 BT-Drs. 18/2010, 24.

86 BeckOK ArbR/*Greiner*, MiLoG § 22 Rn. 25; einschränkend *Bayreuther*, NZA 2014, 865 (871).

87 BT-Drs. 18/2010, 24; *Bayreuther*, NZA 2014, 865 (871).

vor, sofern diese der Orientierung für eine Berufsausbildung oder die Aufnahme eines Studiums dienen. Voraussetzung hierfür ist, dass diese Praktika einen erkennbaren inhaltlichen Bezug zur Ausbildung bzw. zum angestrebten Studium aufweisen.[88] Außerdem ist zu beachten, dass ein erneutes Orientierungspraktikum in demselben Unternehmen allenfalls in Frage kommt, wenn es zur Orientierung für eine andere Berufsausbildung oder ein anderes Studiums dient.[89] Andernfalls wäre eine rechtsmissbräuchliche Umgehung des Ausnahmetatbestandes durch eine Aneinanderreihung von Orientierungspraktika zu befürchten.[90]

Anders verhält es sich bei der Ausnahmeregelung des § 22 Abs. 1 S. 2 Nr. 3 MiLoG, wonach das Gesetz keine Anwendung auf Praktika findet, die begleitend zu einer Berufs- oder Hochschulausbildung geleistet werden. Zusätzlich zum inhaltlichen Bezug zur Berufs- oder Hochschulausbildung,[91] wird hier vorausgesetzt, dass zuvor kein „solches" Praktikumsverhältnis mit demselben Auszubildenden bestanden hat. Es herrscht demnach absolutes Vorbeschäftigungsverbot[92] hinsichtlich desselben (Art und Inhalt) Praktikums. Aus dem Wortlaut ist bereits zu schließen, dass der Begriff des Praktikums hier eng auszulegen ist.[93] Unschädlich sind daher zuvor absolvierte Praktika, die unter die Ausnahmetatbestände der Nummern 1 oder 2 fallen.[94]

Zuletzt sind gem. § 22 Abs. 1 S. 2 Nr. 4 MiLoG Teilnehmer einer Einstiegsqualifizierung nach § 54a SGB III oder einer Berufsausbildungsvorbereitung gem. §§ 68 – 70 BBiG nicht vom Anwendungsbereich des Gesetzes

---

88 *Bayreuther,* NZA 2014, 865, 871; BeckOK ArbR/*Greiner*, MiLoG § 22 Rn. 40.

89 BeckOK ArbR/Greiner, MiLoG § 22 Rn. 33.

90 *Riechert/Nimmerjahn,* MiLoG § 22 Rn. 66; BeckOK ArbR/Greiner, MiLoG § 22 Rn. 32; aA *Hund/Pechtold,* AuA 540 (542).

91 BeckOK ArbR/*Greiner,* MiLoG § 22 Rn. 30; *Bayreuther,* NZA 2014, 865 (871).

92 *Bayreuther,* NZA 2014, 865 (871); *Natzel,* BB 2014, 2490 (2491); BeckOK ArbR/*Greiner,* MiLoG § 22 Rn. 38.

93 *Natzel,* BB 2014, 2490 (2491); *Bayreuther,* NZA 2014, 865 (871 f.).

94 BeckOK ArbR/*Greiner,* MiLoG § 22 Rn. 39; *Sagan/Witschen,* jM 2014, 372 (379); ErfK/*Franzen,* MiLoG § 22 Rn. 11; *Bayreuther,* NZA 2014, 865 (871 f.); **aA**: *Burkard-Pötter/Sura*, NJW 2015, 517 (519), die jedes „echte" Praktikum als Borbeschäftigung ansehen.

erfasst. Für diese Teilnehmer ist bereits § 26 BBiG nicht anwendbar,[95] sodass auch dieser Ausnahmetatbestand nur deklaratorische Wirkung entfaltet.[96]

Fraglich ist, ab wann das Praktikum mindestlohnpflichtig wird, wenn die Drei-Monats-Frist nach § 22 Abs. 1 S. 2 Nr. 3 oder 3 MiLoG überschritten wird.

Einer Ansicht nach werde der Mindestlohnanspruch erst ab dem ersten Tag des Folgemonats ausgelöst.[97] Es sei unbillig, z. B. ein sechsmonatiges Praktikum anders zu behandeln, als ein solches, das künstlich in zwei Teile aufgespaltet wird, um zumindest in den ersten drei Monaten keine Mindestlohnpflicht auszulösen.[98] Eine solche Vorgehensweise sei auch nach dem Gesetzeszweck, wonach Praktika nicht unverhältnismäßig stark eingeschränkt werden sollen, geboten.[99]

Weiterhin ergebe sich dies bereits aus § 3 S. 1 MiLoG. [100] Hiernach sei eine mindestlohnunterschreitende Entgeltabrede mit einem Zeitraum von mehr als drei Monaten, nur insoweit unwirksam, als die Unwirksamkeit erst ab dem vierten Monat eintrete.

Diese Argumentation überzeugt indes nicht.

Nach zutreffender Ansicht ist bei einer Beschäftigung, die länger als drei Monate dauert, bereits ab dem ersten Tag der Mindestlohn zu zahlen.[101] Ausweislich der Gesetzesbegründung soll der missbräuchliche Einsatz von Praktikanten anstelle von voll zu vergütenden Arbeitskräften verhindert

---

95 *Bayreuther,* NZA 2014, 865 (872); *Natzel,* BB 2014, 2490 (2492); aA: *Picker/Sausmikat,* NZA 2014, 942 (947).

96 BT-Drs. 18/2010, 24; *Sagan/Witschen,* jM 2014, 372 (379).

97 ErfK/*Franzen,* MiLoG § 22 Rn. 12; Lembke, NZA 2015, 70 (77).

98 ErfK/*Franzen,* MiLoG § 22 Rn. 12.

99 ErfK/*Franzen,* MiLoG § 22 Rn. 12 mit Bezug auf BT-Drs. 18/1558, 42.

100 *Lembke*, NZA 2015, 70 (77).

101 *Jöris/v .Steinau-Steinbrück,* BB 2014, 2101 (2102); Sagan/Witschen jM 2014, 372 (379); *Lakies*, MiLoG, § 22 Rn. 37; *Riechert/Nimmerjahn*, MiLoG § 22 Rn. 63.

werden.[102] Deswegen gelten Praktikanten nur ausnahmsweise nicht als Arbeitnehmer i.S.d. MiLoG, wenn es sich um Praktika im zeitlichen Rahmen von bis zu drei Monaten handelt. Bei einem längeren Zeitraum steigt die Gefahr der missbräuchlichen Ausnutzung an.[103] Sogar im Fall der eingangs genannten Ansicht, müsste man somit bei einem verlängerten oder aufgespaltenen Praktikum den Anschein des Rechtsmissbrauchs (widerlegbar)[104] als indiziert ansehen.

Zuletzt ergibt sich diese Ansicht bereits aus dem Wortlaut und der Systematik.[105] In den Ausnahmeregelungen des § 22 Abs. 1 Nr. 2 und 3 MiLoG ist, anders als in § 22 Abs. 4 MiLoG, keine Karenzfrist für die fehlende Mindestlohnpflicht vorgegeben.[106] Hätte der Gesetzgeber die gleiche Wirkung bezwecken wollen, so hätte er eine ähnliche Formulierung gewählt.

Es bleibt demnach festzuhalten, dass die Mindestlohnpflicht bei einem länger als drei Monaten dauernden Praktikum bereits ab dem ersten Tag eintritt.

Entgegen vereinzelter Meinungen[107] ist die Gleichstellung der Praktikanten mit Arbeitnehmern i.S.d. MiLoG, auch wenn die Hauptanwendungsfälle nachträglich wieder vom Anwendungsbereich ausgeschlossen werden, keinesfalls sinnlos.

Ziel ist es, den Missbrauch des Praktikantenbegriffs durch sog. Scheinpraktika zu unterbinden. Letztere gelten zwar nach richtiger Ansicht als Arbeitnehmer i.S.d. allgemeinen Arbeitnehmerbegriffs und haben demnach ohnehin einen Anspruch auf den Mindestlohn,[108] jedoch macht dieser Umstand die Norm noch nicht obsolet.

---

[102] BT-Drs. 18/1558, 42.

[103] *Riechert/Nimmerjahn*, MiLoG § 22 Rn. 63 ff.

[104] BT-Drs.18/2145, 23 wonach Einzelfallprüfungen möglich seien.

[105] Sagan/Witschen jM 2014, 372 (379).

[106] *Riechert/Nimmerjahn*, MiLoG § 22 Rn. 63.

[107] *Natzel,* BB 2014, 2490; *Picker/Sausmikat,* NZA 2014, 942 (947).

[108] *Däubler,* NJW 2014, 1924 (1926)

Durch die Etablierung des Regel-Ausnahme-Verhältnisses kommt es zu einer Verschiebung der Darlegungs- und Beweislast auf die Seite des Arbeitgebers.[109] Vor Etablierung des Mindestlohns musste der Praktikant nachweisen, dass es sich bei dem Vertragsverhältnis um ein Scheinpraktikum, also eigentlich um ein Arbeitsverhältnis handelt. Nunmehr hat der Arbeitgeber nachzuweisen, dass es sich um ein Praktikum handelt, welches unter einen der vorbenannten Ausnahmetatbestände fällt.[110] Gelingt ihm dieser Beweis nicht, ist es ohne Belang, ob das Dienstverhältnis als Praktikum oder Arbeitsverhältnis zu qualifizieren ist. Die Mindestlohnpflicht entsteht in beiden Fällen.

Im Ganzen ist daher von einer Verbesserung der Praktikantenstellung auszugehen. Inwiefern diese Regelungen allerdings dazu führen können, dass Arbeitgeber gänzlich auf Praktikumsstellen verzichten, wird sich noch zeigen müssen.

b) Jugendliche ohne Ausbildung

Laut der Ausnahmevorschrift des § 22 Abs. 2 MiLoG fallen auch Personen i.S.d. § 2 Abs. 1 und 2 JArbSchG ohne abgeschlossene Berufsausbildung nicht in den persönlichen Anwendungsbereich des MiLoG. Dies sind gem. § 2 Abs. 1 JArbSchG Kinder, also Personen im Alter unter 15 Jahren, und gem. § 2 Abs. 2 JArbSchG Jugendliche im Alter zwischen 15 und 18 Jahren.

Durch diese Regelung soll die nachhaltige Integration junger Menschen in den Arbeitsmarkt gesichert werden.[111] Da der Mindestlohn regelmäßig über einer Ausbildungsvergütung liegen wird, soll durch die Herausnahme von Jugendlichen ohne abgeschlossene Berufsausbildung verhindert werden, dass zugunsten eines höheren Entgelts auf eine Ausbildung verzichtet wird.[112]

---

[109] *Bayreuther,* NZA 2014, 865 (871); *Lembke,* NZA 2015, 70 (73); BT-Drs. 18/2010 (neu), 24.

[110] *Burkard-Pötter/Sura*, NJW 2015, 517 (518).

[111] BT-Drs. 18/1558, 42.

[112] BT-Drs. 18/1558, 42 f.

Als abgeschlossene Ausbildung kann nur eine solche gelten, die erfolgreich beendet, also auch bestanden worden ist.[113] Ihrem Sinn und Zweck nach wird der Norm in der Praxis wohl weniger Bedeutung zugekommen. So wird eine Ausbildung regelmäßig nicht vor Vollendung des 16. Lebensjahrs stattfinden und sodann gem. § 5 Abs. 1 Nr. 2 BBiG nicht weniger als zwei Jahre andauern. Der Ausbildungsabschluss (erfolgreich oder nicht) wird demnach in den meisten Fällen erst nach Erreichen der Volljährigkeit zu erwarten sein.[114]

Vielmehr ist zu befürchten, dass jugendliche Arbeitnehmer mangels Mindestlohnpflicht verstärkt als Billigarbeitskräfte eingesetzt werden.

c) Auszubildende und Ehrenamtler

Die Regelungen des MiLoG finden weiterhin weder auf Beschäftigte Anwendung, die sich in einer Berufsausbildung befinden, noch auf solche, die einer ehrenamtlichen Tätigkeit nachgehen, § 22 Abs. 3 MiLoG.

Beschäftigte, die eine Berufsausbildung nach § 1 Abs. 3 BBiG absolvieren, fallen schon nicht unter den allgemeinen Arbeitnehmerbegriff, da bei ihnen nicht die Arbeitsleistung, sondern das Ausbildungsziel im Vordergrund steht.[115]

Ebenso verhält es sich mit ehrenamtlich Tätigen. Bei diesen Beschäftigten steht nicht die Erwartung einer Vergütung, sondern vielmehr die Tätigkeit für das Gemeinwohl im Vordergrund.[116] Insbesondere sind Beschäftigte, die in einem Freiwilligendienst i.S.d. § 32 Abs. 4 S. 1 Nr. 2d EStG tätig sind, nicht vom Anwendungsbereich erfasst.[117]

---

[113] *Riechert/Nimmerjahn*, MiLoG § 22 Rn. 94.

[114] *Riechert/Nimmerjahn*, MiLoG § 22 Rn. 96.

[115] *Bayreuther*, NZA 2014, 865 (872); *Schmitz-Witte*, AuA 2015, 136; *Däubler*, NJW 2014, 1924 (1925 f.).

[116] BAG, Urt. v. 29.08.2012 – 10 AZR 499/11 – BAGE 143, 77= NZA 2012, 1433 (1435) Rn. 21.

[117] BT-Drs. 18/1558 B, 43.

Die vorbenannte Norm hat somit lediglich deklaratorische Wirkung,[118] da die in den beiden Beschäftigungsgruppen tätigen Personen schon keine Arbeitnehmer darstellen.[119]

d) Langzeitarbeitslose

Ein weiterer Ausnahmetatbestand findet sich in § 22 Abs. 4 MiLoG. Hiernach ist innerhalb der ersten sechs Monate einer Beschäftigung kein Mindestlohn zu zahlen, wenn der Arbeitnehmer unmittelbar vor Beginn der Beschäftigung langzeitarbeitslos i. S. d. § 18 Abs. 1 SGB III war. Hiernach gilt als Langzeitarbeitsloser, wer ein Jahr oder länger durchgängig arbeitslos ist.

Unschädlich ist eine Unterbrechung der Arbeitslosigkeit wegen einer Teilnahme an Maßnahmen gem. § 45 SGB III oder auf Grund einer Erkrankung oder sonstiger Nichterwerbstätigkeit bis zu einer Dauer von sechs Wochen, § 18 Abs. 1 S. 2 SGB III. Andere, auch kurzfristige, (Neben-)Beschäftigungen sorgen allerdings für die Unterbrechung der Arbeitslosigkeit. Dies gilt jedoch nur, sofern diese Beschäftigungen insgesamt mindestens einen Umfang von 15 Wochenarbeitsstunden erreichen, § 138 Abs. 3 S. 1 SGB III.[120]

Für den Arbeitgeber wird an dieser Stelle vor allem die Feststellung der Langzeitarbeitslosigkeit des Arbeitnehmers problematisch sein.[121] Ihm muss an dieser Stelle ein Fragerecht zugestanden werden.[122]

Grundsätzlich steht dem Arbeitgeber ein Fragerecht zu, sofern dieser ein „berechtigtes, billigenswertes und schutzwürdiges Interesse an der Beantwortung seiner Fragen im Hinblick auf das Arbeitsverhältnis“ hat, auf dessen Grund die Interessen des Bewerbers zurücktreten müssen.[123]

---

118 *Sagan/Witschen,* jM 2014, 372 (373); *Jöris/v .Steinau-Steinbrück,* BB 2014, 2101 (2102); *Viethen*, NZA-Beilage 2014, 143 (144).

119 BT-Drs. 18/1558, 43.

120 *Riechert/Nimmerjahn*, MiLoG § 22 Rn. 139.

121 *Schmitz-Witte,* AuA 2015, 136 (137); ErfK/*Franzen*, MiLoG § 22 Rn. 15; *Schweibert/Leßmann,* DB 2014, 1866 f.

122 ErfK/*Franzen*, MiLoG § 22 Rn. 15.

123 St. RSpr. BAG, Urt. v. 05.10.1995 – 2 AZR 923/94 – BAGE 81, 120 = NZA 1996, 371, unter B.II.1; zuletzt: BAG, Urt. v. 16.02.2012 – 6 AZR 553/10 – BAGE 141, 1 = NZA 2012, 55 (56), Rn. 13.

Das Interesse des Arbeitgebers lässt sich schon auf Grund der Gefahr der Begehung einer Ordnungswidrigkeit nach § 21 MiLoG begründen. Der Tatbestand der Ordnungswidrigkeit ist erfüllt, wenn der Arbeitgeber u.a. seiner Mindestlohnverpflichtung fahrlässig oder vorsätzlich nicht nachkommt, § 21 Abs. 1 Nr. 9 MiLoG. Als fahrlässige Handlung ist auch ein Rechtsirrtum über das Nichtbestehen des Mindestlohnanspruchs zu sehen,[124] sofern sich der Arbeitgeber nicht auf eine vertretbare Rechtsposition stützt.[125] Ein fehlendes Fragerecht des Arbeitgebers würde dem Arbeitnehmer die Möglichkeit der sanktionslosen Lüge einräumen.[126] Der Arbeitgeber könnte sich somit nicht auf den Wahrheitsgehalt der Aussage eines Arbeitnehmers über seinen Arbeitslosenstatus verlassen, ohne gleichzeitig eine bewusst fahrlässige[127] Fehleinschätzung zu riskieren. Eine mindestlohnunterschreitende Vergütung eines für langzeitarbeitslos gehaltenen Arbeitnehmers könnte somit eine bußgeldbewehrte Handlung i.S.d. § 21 MiLoG darstellen.[128] Da ein fehlendes Fragerecht auf Grund der vorbenannten Bußgeldgefahr dem Ausnahmetatbestand des § 22 Abs. 4 MiLoG das Anwendungsfeld entziehen würde, ist dieses dem Arbeitgeber zuzusprechen.[129]

Fraglich ist jedoch, welche Rechtsfolge die widerrechtliche Falschbeantwortung der Frage nach einer Langzeitarbeitslosigkeit nach sich zieht.

Verlangt ein Arbeitnehmer nachträglich die Vergütung in Höhe des Mindestlohns, muss dies einer Ansicht nach, zumindest im Fall der wissentlichen Falschbeantwortung, eine treuewidrige Geltendmachung i.S.d. § 242 BGB darstellen.[130] Somit werde eine Zahlungspflicht des Arbeitgebers ausgeschlossen.

Diese Ansicht überzeugt nicht.

---

[124] BeckOK ArbR/*Greiner*, MiLoG § 21 Rn. 2.

[125] *Bayreuther,* NZA 2015, 385 (392); BeckOK ArbR/*Greiner*, MiLoG § 21 Rn. 2 ff.

[126] Vgl. BeckOK ArbR/*Joussen,* BGB § 611 Rn. 71; BAG, Urt. v. 05.10.1995 – 2 AZR 923/94 – NZA 1996, 371, unter B.II.1.

[127] KK-OWiG/*Rengier,* OWiG § 10 Rn. 15.

[128] Im Ergebnis auch: *Schweibert/Leßmann,* DB 2014, 1866 (1867).

[129] HaKo-MiLoG/*Schubert/Jerchel,* § 22 Rn. 70 ff.

[130] BeckOK ArbR/*Greiner,* MiLoG § 22 Rn. 62 mit Verweis auf Rn. 26.

Richtigerweise kann eine widerrechtliche Falschbeantwortung nicht von der Zahlungspflicht des Mindestlohns befreien.[131] Für das Entstehen oder ausnahmsweise auch Nichtentstehen des Mindestlohns ist nur die objektive Rechtslage entscheidend.[132] Andernfalls würde beispielsweise eine vereinbarte Falschbeantwortung die Möglichkeit der rechtsmissbräuchlichen Umgehung des Mindestlohns eröffnen.

Als Rechtsfolge der widerrechtlichen Falschbeantwortung wird vielmehr die Möglichkeit der Anfechtung des Arbeitsverhältnisses nach § 123 BGB eröffnet, sofern die Einstellung bei wahrheitsgemäßer Antwort nicht erfolgt wäre.[133]

Wird ein Arbeitsverhältnis angefochten, finden regelmäßig die Rechtsgrundsätze des faktischen Arbeitsverhältnisses Anwendung.[134] Dies bedeutet, dass ein in Vollzug gesetzter fehlerhafter Arbeitsvertrag, nach erfolgreicher Anfechtung nicht nach § 142 BGB ex tunc, sondern mit Wirkung für die Zukunft, also ex nunc nichtig wird. Das bis dahin vollzogene Arbeitsverhältnis ist so zu behandeln, als sei es fehlerfrei zustande gekommen.[135] Bei einem fehlerfrei zustande gekommenen Arbeitsverhältnis hätte der Arbeitnehmer einen Anspruch auf eine Vergütung mindestens in Höhe des Mindestlohnes, sodass dieser Anspruch auch bei erfolgreicher Anfechtung für das vollzogene Arbeitsverhältnis gilt.[136]

Fraglich ist, ob diese Grundsätze auch im Fall der arglistigen Täuschung ohne Weiteres Anwendung finden.

Durch Anwendung des fehlerhaften oder faktischen Arbeitsverhältnisses kommt es zu einer teleologischen Reduktion hinsichtlich der Wirkung des § 142 BGB.[137] Diese Abweichung von der gesetzlich vorgesehenen Rechtsfolge wird vor allem mit der Problembewältigung bei der Rückabwicklung

---

131 ErfK/*Franzen*, MiLoG § 22 Rn. 15.

132 ErfK/*Franzen*, MiLoG § 22 Rn. 15.

133 BAG, Urt. v. 05.10.1995 – 2 AZR 923/94 – NZA 1996, 371.

134 BAG, Urt. v. 05.12.1957 – 1 AZR 594/56 – NJW 1958, 516.

135 BAG, Urt. v. 15.01.1986 – 5 AZR 237/84 – NZA 1986, 561, unter III.2.

136 Ähnlich BAG, Urt. v. 27.07.2010 – 3 AZR 317/08 -AP BBiG § 4 Nr. 3.

137 *Joussen,* NZA 2006, 963 (964).

eines bereits in Vollzug gesetzten Arbeitsverhältnisses und dem Arbeitnehmerschutz begründet.[138] Eine Rückabwicklung sei schon auf Grund der Natur des Arbeitsverhältnisses ausgeschlossen. Die Pflichten des Arbeitnehmers beschränken sich nicht nur auf eine schuldrechtliche Bindung. Vielmehr werde hierdurch auch eine „personenrechtliche Beziehung"[139] geschaffen, weshalb eine Rückabwicklung schlichtweg nicht passe.[140] Hinsichtlich des Schutzgedankens sei es unbillig, einem Arbeitnehmer der auf den Bestand seines Arbeitsverhältnisses vertrauen durfte, rückwirkend die alleinige wirtschaftliche Lebensgrundlage mit Wirkung für die Vergangenheit zu entziehen.[141]

Ist diese Begründung nicht (mehr) einschlägig, so muss die Anfechtung folglich auch wieder die ursprüngliche Wirkung für die Vergangenheit entfalten. So wurde in der bisherigen höchstrichterlichen Rechtsprechung festgestellt, dass die Arglistanfechtung für solche Zeiten zurückwirkt, in denen das Arbeitsverhältnis außer Vollzug gesetzt worden ist[142] oder die Arbeitnehmerleistung auf Grund von Krankheit[143] entfallen ist. Hier hat der Arbeitnehmer keine Arbeitsleistung erbracht, sodass keine Schwierigkeiten bei der Rückabwicklung des Arbeitsverhältnisses bestehen. Ein Abweichen von der ex tunc Wirkung des § 142 BGB ist für diese Zeiten somit nicht notwendig.[144]

---

138 *Brox*, Anm. zu BAG, Urt. v. 16.09.1982 – 2 AZR 228/80 – AP BGB § 123 Nr. 24 unter II.2.a) der Anm.; BAG, Urt. v. 03.12.1998, AP Nr. 49 zu § 123 BGB, unter II.3.a)bb).

139 BAG, Urt. V. 15.11.1957 – 1 AZR 189/57 – NJW 1958, 397, 398; BAG, Urt. V. 05.12.1957, AP Nr. 2 zu § 123 BGB.

140 Brox, Anm. zu BAG, Urt. v. 16.09.1982 – 2 AZR 228/80 – AP BGB § 123 Nr. 24 unter II.2.a) der Anm.; BAG, Urt. v. 03.12.1998, AP Nr. 49 zu § 123 BGB, unter II.3.a)bb).

141 *Wiedemann*, Das Arbeitsverhältnis als Austausch- und Gemeinschaftsverhältnis, 78 f.

142 BAG, Urt. v. 16.09.1982 – 2 AZR 228/80 – AP BGB § 123 Nr. 24; BAG, Urt. v. 29.08.1984 – 7 AZR 34/83 – AP BGB § 123 Nr. 27.

143 BAG, Urt. v. 03.12.1998 – 2 AZR 754/97 – AP BGB § 123 Nr. 49, unter II.3.a)cc).

144 BAG, Urt. v. 03.12.1998 – 2 AZR 754/97 – AP BGB § 123 Nr. 49, unter II.3.a)bb).

Von einer gänzlichen ex tunc-Nichtigkeit wird in der Rechtsprechung allerdings nur ausnahmsweise ausgegangen, wenn das Arbeitsverhältnis auf Grund eines besonders schweren Mangel nichtig ist.[145] In diesem Fall erfolgt die Rückabwicklung des Arbeitsverhältnisses nach den allgemeinen bereicherungsrechtlichen Grundsätzen (§§ 812 ff. BGB). Ein solcher Mangel wurde in der Vergangenheit bejaht, wenn die Arbeitsleistung ihrer Art nach rechtswidrig[146] oder im besonderen Maße unsittlich[147] war. Im Fall einer bloßen rechtswidrigen Falschbeantwortung über die Langzeitarbeitslosigkeit wird man einen solchen Mangel nicht begründen können.[148] Für die tatsächlich erbrachte Leistung hätte der Arbeitnehmer bis zur Anfechtung daher einen Anspruch auf Vergütung in Höhe des Mindestlohns aus § 611 BGB i.V.m. der Lehre vom fehlerhaften Arbeitsvertrag.[149]

In der Literatur trifft dies zu Recht auf Widerspruch.[150] Wie oben dargestellt findet das faktische Arbeitsverhältnis keine Anwendung, soweit die Grundlage hierfür nicht gegeben ist. Dies müsse nicht nur beim Wegfall der Rückabwicklungsproblematik, sondern auch beim entfallenden Arbeitnehmerschutz gelten. Ist ein Arbeitnehmer nicht mehr schutzwürdig, sei ein Abweichen von der Wirkung des § 142 BGB somit nicht mehr zu rechtfertigen. Es wird daher vertreten, dass die Lehre vom faktischen Arbeitsverhältnis bei einem Arbeitnehmer, der sich den Vertragsschluss durch rechtswidrige arglistige Täuschung erschlichen hat, keine Anwendung findet.[151]

---

145 BAG, Urt. v. 07.06.1972 – 5 AZR 512/71 – AP BGB § 611 Faktisches Arbeitsverhältnis Nr. 18.

146 BAG, Urt. v. 25.04.1963 – AP BGB § 611 Faktisches Arbeitsverhältnis Nr. 2; BAG, Urt. v. 03.11.2004 – 5 AZR 592/03 – AP BGB § 134 Nr. 25.

147 BAG, Urt. v. 01.04.1976 – 4 AZR 96/75 – NJW 1976, 1958, unter III.

148 Z. B. LAG Nürnberg, Urteil vom 24.08.2005 – 9 Sa 400/05, BeckRS 2006, 40155;
Für den Fall einer Urkundenfälschung: LAG BW, Urt. v. 13.10.2006 – 5 Sa 25/06, DB 2007, 1197; vgl. auch LAG B, Urt. v. 24.08.2011 – 15 Sa 980/11 – BeckRS 2011, 77331, unter II.2.2;

149 BeckOK ArbR/*Joussen,* § 611 BGB, Rn. 129.

150 *Joussen,* NZA 2006, 963 ff.; ähnl. MüHdB-ArbR/*Richardi/Buchner,* § 34 Rn. 44.

151 *Joussen,* NZA 2006, 963, 966.

Eine Rückwirkung gem. § 142 BGB ist somit im Falle der Anfechtung wegen einer rechtswidrigen arglistigen Täuschung regelmäßig geboten.

Fraglich ist, wie die Rückabwicklung in einem solchen Fall zu erfolgen hat. Grundsätzlich sind die ausgetauschten Leistungen gem. § 812 BGB gegenseitig herauszugeben. Die erbrachte Arbeitsleistung kann im Gegensatz zu ausgezahlten Lohn jedoch auf Grund ihrer Beschaffenheit[152] nicht herausgegeben werden kann, ist gem. § 818 Abs. 2 Alt 1 BGB Wertersatz zu leisten. Der hier gegenständliche Wert ist objektiv zu bestimmen,[153] wobei im Fall Arbeitsleistung die übliche bzw. angemessene Vergütung[154] anzusetzen ist. Hier kommt es sodann auf den Einzelfall an. Zwar bildet die ursprünglich vereinbarte Vergütung ein Indiz für den Wert der Arbeit,[155] jedoch ist fraglich, ob nach Etablierung des Mindestlohns eine geringere Vergütung als angemessen angesehen werden kann.[156] Da die Arbeit des Dienstnehmers nach langer Arbeitslosigkeit wohl ein unterdurchschnittliches Leistungsniveau aufweisen und intensivere Einarbeitung erfordern dürfte, ist eine Bewertung unterhalb des Mindestlohns zumindest denkbar. Für eine Bewertung in Höhe des Mindestlohns oder darüber wird der Arbeitnehmer die Beweislast tragen müssen.[157]

Im Fall der Erschleichung eines Arbeitsvertrages durch falsche Behauptung über die Langzeitarbeitsloseneigenschaft muss somit eine ex tunc-Nichtigkeit bejaht werden. Wie die Rückabwicklung zu erfolgen hat, muss einzelfallabhängig bestimmt werden.

Zusätzlich können auch Schadensersatzansprüche aus culpa in contrahendo gem. §§ 280 Abs. 1, 311 Abs. 2 und 3, 241 Abs. 2 BGB ausgelöst werden.[158]

---

[152] BeckOK BGB/*Wendehorst,* BGB § 818 Rn. 21.

[153] St Rspr, vgl. BGH, Urt. v. 27.02.1952 – II ZR 191/51 – NJW 1952, 697 (698); BGH, Urt. v. 21.03.1996 – III ZR 245/94 – NJW 1996, 3409 (3411); BeckOK BGB/*Wendehorst,* BGB § 818 Rn. 27 mwN.

[154] St Rspr, vgl. BGH, Urt. v. 01.02.1962 – VII ZR 212/60 – NJW 1962, 807; BeckOK BGB/*Wendehorst,* BGB § 818 Rn. 30 mwN.

[155] BeckOK BGB/*Wendehorst,* BGB § 818 Rn. 30.

[156] Dies wohl verneinend: *Schubert/Jerchel/Düwell,* Rn. 152 ff.

[157] BAG, Urt. v. 29.01.1986 – 4 AZR 465/84 – AP BAT 1975 § 22, 23 Nr. 115.

[158] BeckOK ArbR/*Joussen,* BGB § 611 Rn. 71.

Aus Gründen der Rechtssicherheit ist es in jedem Fall zu empfehlen, sich die Langzeitarbeitslosigkeit durch die Agentur für Arbeit[159] oder zumindest vom Beschäftigten selbst[160] schriftlich bestätigen zu lassen.

II Räumlicher Anwendungsbereich

Arbeitgeber sind unabhängig von ihrem Geschäftssitz verpflichtet, ihren im Inland beschäftigten Arbeitnehmern den Mindestlohn nach § 1 Abs. 2 MiLoG fristgerecht zu zahlen, § 20 MiLoG. Örtlich ist der Anwendungsbereich daher auf Arbeitsverhältnisse im Inland beschränkt.

Fraglich ist an dieser Stelle, was zum Inlandsbegriff gehört. Man könnte mangels ausdrücklicher gesetzliche Definition, ähnlich wie im Körperschaftssteuerrecht,[161] davon ausgehen, dass der Inlandsbegriff mit dem des Bundesgebiets i.S.d. Grundgesetzes gleichzusetzen ist. Das MiLoG würde demnach auch auf Arbeitsverhältnisse von Seeschiffbesatzungen auf dem Küstenmeer, sowie Besatzungen von Luftfahrzeugen innerhalb des deutschen Luftraums[162] anwendbar sein.

Sowohl der Sinn und Zweck des § 20 MiLoG, als auch die mangelnde Kontrollmöglichkeit, sprechen jedoch für eine engere Auslegung des Inlandsbegriffes.[163]

Als Inland i.S.d. § 20 MiLoG ist demnach nur das Festland inkl. der Binnengewässer zu verstehen.

1 Auslandsbeschäftigung

Wird ein Arbeitnehmer außerhalb des Inlands beschäftigt, ist der Arbeitgeber den vorbenannten Ausführungen entsprechend grundsätzlich nicht ver-

---

159 *Schmitz-Witte,* AuA 2015, 136 (137); *Sagan/Witschen,* jM 2014, 372 (373); BeckOK ArbR/*Greiner,* MiLoG § 22 Rn. 62; **krit.** *Schweibert/Leßmann,* DB 2014, 1866 (1867).

160 BeckOK ArbR/*Greiner,* MiLoG § 22 Rn. 62.

161 Gosch/*Lambrecht,* KStG § 1 Rn. 45 mwN.

162 Maunz/Dürig/*Epping*, GG Art. 115a, Rn. 30.

163 *Riechert/Nimmerjahn*, MiLoG § 20 Rn. 10.

pflichtet, für die Zeit des Auslandseinsatzes gem. § 20 MiLoG den Mindestlohn zu zahlen. Dies gilt unabhängig davon, ob auf das Arbeitsverhältnis gem. Art. 8 Rom-I VO[164] deutsches Recht Anwendung findet, oder nicht.[165]

Ist deutsches Recht im Ausland anwendbar, so steht dem Arbeitnehmer zumindest ein Individualanspruch zu. Dieser ergibt sich, anders als vereinzelt vertreten, nicht aus der Fürsorgepflicht des Arbeitgebers,[166] sondern direkt aus § 1 Abs. 1 MiLoG.[167]

2 Ausländerbeschäftigung im Inland

Die Mindestlohnverpflichtung nach § 20 MiLoG gilt unabhängig davon, ob der Arbeitgeber seinen Sitz im In- oder im Ausland hat. Voraussetzung ist einzig, dass der Arbeitnehmer im Inland beschäftigt wird. In § 20 MiLoG ist somit schon selbst geregelt, dass diese Norm auch auf solche Sachverhalte anwendbar ist, die eigentlich nicht deutschem Recht unterfallen. Die Norm ist daher schon kraft ausdrücklicher Regelung[168] als Eingriffsnorm i.S.d. Art. 9 Rom I-VO zu qualifizieren. Zudem stellt der Mindestlohn auf Grund seiner internationalen Wirkung einen Mindestentgeltsatz i.S.d. § 2 Nr. 1 AEntG bzw. nach Art. 3 I lit. c RL 96/71/EG dar.[169] Dies hat zur Folge, dass die Mindestlohnpflicht unabhängig vom anwendbaren Recht entsteht.[170]

Anders als Art. 3 I lit. c RL 96/71/EG setzt § 20 MiLoG jedoch keine Entsendung voraus. Somit kann auch auf die Prüfung der Indizienkataloge nach

---

164 Verordnung (EG) Nr. 593/2008 des Europäischen Parlaments und des Rates vom 17. Juni 2008 über das auf vertragliche Schuldverhältnisse anzuwendende Recht (Rom I) ABl. Nr. L 177, 6, ber. 2009 Nr. L 309, 87.

165 *Riechert/Nimmerjahn*, MiLoG § 20 Rn. 8.

166 So aber ErfK/*Franzen,* MiLoG § 20 Rn. 1.

167 BeckOK ArbR/*Greiner,* MiLoG § 20 Rn. 4; *Riechert/Nimmerjahn*, MiLoG § 20 Rn. 8; **aA** wohl *Löwisch*, NZA 2014, 948.

168 *Sittard,* NZA 2015, 78 (79).

169 ErfK/*Franzen,* MiLoG, § 20 Rn. 1; BeckOK ArbR/*Greiner,* MiLoG § 20 Rn. 2.

170 ErfK/*Franzen,* MiLoG, § 20 Rn. 1; *Riechert/Nimmerjahn*, MiLoG § 20 Rn. 5.

Art. 4 Abs. 2 und 3 RL 2014/67/EU[171] verzichtet werden.[172] Insbesondere ist es somit auch nicht von Belang, ob der Einsatz in Deutschland vorübergehender oder dauerhafter Natur ist.[173]

Der Mindestlohn gilt demnach uneingeschränkt auch für ausländische Arbeitnehmer, unabhängig vom Sitz des Arbeitgebers, solange sie in Deutschland beschäftigt werden.

3 Kurzzeitige Tätigkeit im Inland

Umstritten ist bislang, ob der Mindestlohn auch bei äußerst kurzfristigen Einsätzen im Inland und insbesondere bei Transitfahrten Anwendungen finden kann. Gemeint ist hiermit der Fall, in dem sich ein Arbeitnehmer nur auf der Durchreise in Deutschland befindet, weil er z.B. mit einem grenzüberschreitenden Transport beauftragt ist.

Für die Anwendbarkeit des MiLoG auf Transitfahrten reicht nicht schon allein der Umstand aus, dass es sich bei § 20 MiLoG um eine Eingriffsnorm nach Art. 9 Rom-I VO handelt.[174] Auch eine solche Norm ist nur dann anwendbar, wenn der jeweilige Sachverhalt in ihren Anwendungsbereich fällt, Art. 9 Abs. 1 Rom-I VO. Das bloße Vorliegen einer Eingriffsnorm entbindet somit nicht von der tatbestandlichen Prüfung dieser Vorschrift.[175] Weiterhin bedarf es eines hinreichenden Auslandsbezugs als Anknüpfungspunkt, damit die Vorschrift Anwendung findet.[176]

---

171 Richtlinie 20/67/EU des Europäischen Parlaments und des Rates vom 15.05.2014 zur Durchsetzung der Richtlinie 96/71/EG über die Entsendung von Arbeitnehmern im Rahmen der Erbringung von Dienstleistungen und zur Änderung der Verordnung (EU) Nr. 1024/2012 über die Verwaltungszusammenarbeit mit Hilfe des Binnenmarkt-Informationssystems („IMI-Verordnung“) ABl. Nr. L 159/11.

172 ErfK/*Schlachter,* AEntG § 2 Rn. 1; *Riechert/Nimmerjahn*, MiLoG § 20 Rn. 13.

173 *Riechert/Nimmerjahn*, MiLoG § 20 Rn. 13.

174 *Moll/Katerndahl,* DB 2015, 555.

175 *Bissels/Falter/Evers,* ArbR 2015, 4 (6 f.).

176 MüKoBGB/*Martiny,* Rom I-VO Art. 9 Rn. 109 mwN.

Sowohl tatbestandlich als auch hinsichtlich des Anknüpfungspunkts, um den Inlandsbezug herzustellen, kommt es entscheidend darauf an, ob eine Beschäftigung im Inland vorliegt.[177]

Es wird vertreten, dass man die allgemeinen arbeitsrechtlichen Grundsätze[178] heranziehen muss und hierbei der sozialrechtliche Beschäftigungsbegriff mit einzubeziehen ist.[179] Im Ergebnis komme es darauf an, wo die betriebliche Eingliederung gegeben sei und von wo aus der Arbeitgeber sein Weisungsrecht ausübe. Bei Transitfahrten liege daher der Tätigkeitsschwerpunkt, und somit auch der Beschäftigungsort, sowohl auf Grund der betrieblichen Eingliederung, als auch auf Grund des von dort ausgeübten Weisungsrechts im Ausland.[180]

Diese Argumentation ist abzulehnen. Richtig ist zwar, dass sich der Gesetzgeber wohl über die sozialrechtliche Bedeutung des Beschäftigungsbegriffes im Klaren war, jedoch ist nicht ersichtlich, dass er damit auch dieselbe rechtliche Wirkung erzielen wollte. Zum einen spricht schon die Bezeichnung im § 20 MiLoG als „beschäftigte[...] Arbeitnehmer[…]" und nicht als Beschäftigte gegen eine Anknüpfung an den sozialversicherungsrechtlichen Beschäftigungsbegriff. Zum anderen wird der Begriff des Beschäftigten, anders als beim allgemeinen Arbeitnehmerbegriff, nicht einheitlich verwendet, sondern im Regelfall definiert.[181] Von einer willentlichen Verbindung zum sozialversicherungsrechtlichen Beschäftigungsbegriff kann daher nicht ausgegangen werden.

Für ein abweichendes Verständnis vom Beschäftigungsort spricht z. B. weiterhin der § 16 Abs. 1 Nr. 3 MiLoG. Hiernach ist ein ausländischer Arbeitgeber verpflichtet, den zukünftigen Ort der Beschäftigung seines Arbeitnehmers anzumelden. Dies scheint insbesondere durch § 2 MiLoMeldV bestä-

---

177 Moll/Katerndahl, DB 2015, 555 f.; Bissels/Falter/Evers, ArbR 2015, 4.
178 *Moll/Katerndahl,* DB 2015, 555 (557).
179 Bissels/Falter/Evers, ArbR 2015, 4 (5).
180 Bissels/Falter/Evers, ArbR 2015, 4 (5).
181 Ausführlich *Forst* RdA 2014, 157 (insb. 163 f.).

tigt, wonach nicht nur der Beschäftigungsort sondern auch eine ausschließlich mobile Tätigkeit angegeben werden muss.[182] Es ist demnach davon auszugehen, dass grundsätzlich jedwede Inlandstätigkeit und somit auch reine Transitfahrten vom Anwendungsbereich erfasst sind.[183]

Auch wenn eine Inlandsbeschäftigung grundsätzlich vorliegt ist der § 20 MiLoG einer Ansicht nach bei kurzfristigen Beschäftigungen oder Transitfahrten sowohl teleologisch, als auch unionsrechtlich einschränkend auszulegen.[184]

Zum einen sprächen Sinn und Zweck des MiLoG dafür, dass es nicht auf nur kurzfristige Beschäftigungen oder gar Transitfahrten anzuwenden ist. Laut der Gesetzesbegründung solle vor allem der Arbeitnehmerschutz vor unangemessen niedrigen Löhnen bezweckt werden.[185] Weiterhin werde mit dem Gesetz das Sozialversicherungssystem gestärkt, da die Belastung durch Niedriglöhner sinke.[186] Ein Arbeitnehmer müsse jedoch nicht vor zu niedrigen Löhnen geschützt werden, wenn er keine deutschen Lebenshaltungskosten aufbringen müsse.[187] Auch könne ein ausländischer Arbeitnehmer, der in Deutschland nicht sozialversicherungsabhängig beschäftigt wird, keine Belastung für das Sozialversicherungssystem darstellen.[188]

Der Sinn und Zweck des MiLoG sei somit „offensichtlich“[189] verfehlt, wenn es auch bei kurzen Aufenthalten oder gar Transitfahrten eines ansonsten im Ausland tätigen Arbeitnehmers Anwendung fände.

---

182 *Sittard,* NZA 2015, 78 (79).

183 So auch *Sittard,* NZA 2015, 78 (79); ähnlich *Richert/Nimmerjahn*, MiLoG § 20 Rn. 14.

184 *Bissels/Falter/Evers,* ArbR 2015, 4 (5); *Moll/Katerndahl,* DB 2015, 555 (557 ff.); *Sittard,* NZA 2015, 78 (80 ff.).

185 BT-Drs. 18/1558, 1 f.

186 BT-Drs. 18/1558, 28.

187 *Sittard,* NZA 2015, 78 (80).

188 *Sittard,* NZA 2015, 78 (80) unter Verweis auf die RSpr. Des BAG zu, EfZG: BAG, Urt. v. 18.04.2012 – 10 AZR 200/11 – BAGE 141, 129 = NZA 2012, 1152 (1153 f.).

189 Bissels/Falter/Evers, ArbR 2015, 4 (7).

Erschwerend käme hinzu, dass eine Anwendung des MiLoG auf kurzfristige Beschäftigungen und insbesondere auf Transitfälle einen unangemessenen Eingriff sowohl in die Dienstleistungsfreiheit (Art. 56 AEUV) als auch in die Warenverkehrsfreiheit (Art. 28 ff. AEUV) darstellt.[190] Jede Beschränkung dieser fundamentalen Grundsätze der europäischen Verträge müsse durch zwingende Gründe des Allgemeininteresses gerechtfertigt sein.[191] Der Arbeitnehmerschutz[192] könne zwar genauso wie der Schutz der sozialen Sicherungssysteme[193] eine Rechtfertigung für einen solchen Eingriff darstellen, jedoch sei der Eingriff im Falle eines kurzen Einsatzes oder gar in Transitfällen nicht verhältnismäßig.[194]

Als Begründung wird hierbei insbesondere auf die Rs. Bundesdruckerei[195] Bezug genommen. Hiernach dürfe eine Rechtfertigung solcher Maßnahmen nicht von der Frage der Lebenshaltungskosten losgelöst betrachtet werden.[196] Ist der ausländische Mitarbeiter nicht, oder nur unwesentlich den deutschen Lebenshaltungskosten unterworfen, so fehle der für die Anwendbarkeit sprechende und notwendige Inlandsbezug.[197]

Als Lösung wird dieser Ansicht nach vorgeschlagen, die Anwendbarkeit des MiLoG entweder an eine „gewisse Dauerhaftigkeit und Regelmäßigkeit"

---

190 *Bissels/Falter/Evers,* ArbR 2015, 4 (5 f.); *Sittard,* NZA 2015, 78 (80 ff.).

191 EuGH, Urt. v. 18.07.02007 – C-490/04 – (Kommission/Deutschland), Slg. I 2007, 6122 Rn. 64.

192 EuGH, Urt. v. 17.12.1981 – 279/80 – (Webb), Slg. 1981, 3305 Rn. 19; EuGH, Urt. v. 07.02.2002 – C-279/00 – 19 (Kommission/Italien), Slg. I 2002, 1425 Rn. 14 f.; EuGH, Urt. v. 05.11.2002 – C-208/00 – (Überseering), Slg. I 2002, 9919 Rn. 92.

193 EuGH, Urt. v. 07,02.1984 – C 238/82 – (Duphar/Niederlande), Slg. 1984, 523 , Rn. 16; EuGH, Urt. v. 28.04.1998 – C-120/95 – (Decker), Slg. I 1998, 1831 Rn. 39; EuGH, Urt. v. 28.04.1998 – C-158/96 – (Kohll), Slg. I 1998, 1931 Rn. 41; EuGH, Urt. v. 12.07.2007 – C-157/99 – (Smits und Peerbooms), Slg. I 2001, 5473 Rn. 72; EuGH, Urt. v. 13.05.2003 – C-385/99 – (Müller-Fauré und van Riet), Slg. I 2003, 4509 Rn. 73.

194 *Moll/Katerndahl,* DB 2015, 555 (560); *Bissels/Falter/Evers,* ArbR 2015, 4 (5 f.); *Sittard,* NZA 2015, 78 (80 ff.).

195 EuGH, Urt. v. 18.09.2014 – C-549/13 – (Bundesdruckerei), NZA 2014, 1129.

196 *Sittard,* NZA 2015, 78 (81); *Moll/Katerndahl,* DB 2015, 555 (559).

197 *Moll/Katerndahl,* DB 2015, 555 (559).

der „tatsächlichen“ Inlandsbeschäftigung zu knüpfen[198] oder § 6 AEntG analog anzuwenden[199]. Nach letzterem Vorschlag käme der Mindestlohn erst bei einer Inlandstätigkeit von acht Tagen zur Anwendung.

Die Gegenmeinung sieht in einer solchen einschränkenden Auslegung eine erhöhte Missbrauchsgefahr, welche sich praktisch auch nicht eindämmen ließe.[200] Sowohl Wettbewerbsverzerrungen als auch ein Lohnunterbietungswettbewerb seien so nicht zu verhindern. Es müsse befürchtet werden, dass sich Arbeitgeber ausländischer Arbeitnehmer nur deshalb bedienen, um dem Mindestlohn zu entgehen. Diese Gefahren stünden wiederum der Sicherung eines angemessenen Arbeitnehmerschutzes entgegen.[201]

Weiterhin sei die Argumentation aus der Rs. Bundesdruckerei nicht ohne weiteres auf die Bestimmungen des MiLoG übertragbar. Die Anwendbarkeit des MiLoG auf kurze Inlandsbeschäftigungen sei bereits durch die Entsenderichtlinie[202] gerechtfertigt.[203] Den Mitgliedsstaaten ist es gem. Art. 3 Abs. 5 der Entsenderichtlinie freigestellt, Ausnahmen von der Mindestlohnverpflichtung für Arbeiten in nur geringem Umfang festzulegen. Wenn es den Mitgliedsstaaten freigestellt ist, solche Ausnahmen einzuführen, müsse es auch möglich sein auf die Einführung von Ausnahmen zu verzichten.[204] Die Eröffnung von einer solchen Möglichkeit Gebrauch zu machen spräche zudem für die Rechtmäßigkeit einer solchen Vorgehensweise.[205]

Bei Transitfällen, sei der Sachverhalt zwar mangels Anwendbarkeit der Entsenderichtlinie wie in der Rs. Bundesdruckerei am Primärrecht zu messen, jedoch könne die Rechtsprechung auch hier nicht unmittelbar herangezogen

---

198 Bissels/Falter/Evers, ArbR 2015, 4 (5).

199 *Sittard,* NZA 2015, 78 (82).

200 *Riechert/Nimmerjahn*, MiLoG § 20 Rn. 16.

201 *Riechert/Nimmerjahn*, MiLoG § 20 Rn. 16 mit Verweis auf BT-Drs- 18/155, S 2, 28.

202 Richtlinie 96/71/EG des Europäischen Parlaments und des Rates vom 16. Dezember 1996 über die Entsendung von Arbeitnehmern im Rahmen der Erbringung von Dienstleistungen, ABl. 1997 Nr. L 18, 1.

203 *Riechert/Nimmerjahn*, MiLoG § 20 Rn. 16.

204 *Riechert/Nimmerjahn*, MiLoG § 20 Rn. 16.

205 *Riechert/Nimmerjahn*, MiLoG § 20 Rn. 16 mit Verweis auf EuGH, Urt. v. 05.10.2004 – C-475/01 – (Plenum), Slg. I 2004, 8951 Rn. 18.

werden.[206] Anders als in der verhandelten Entscheidung werde nämlich auch bei bloßen Transitfahrten das Arbeitsverhältnis nicht komplett im Ausland vollzogen.

Beide Ansichten können nicht vollständig überzeugen.

Im Ergebnis kann der letztgenannten Meinung nur insoweit zugestimmt werden, als dass es durch eine einschränkende Auslegung der Bestimmungen des MiLoG nicht zu einer unbilligen Missbrauchsgefahr kommen darf.

Daher ist auch richtigerweise eine analoge Anwendung des § 6 AEntG abzulehnen. Überzeugender als das Argument der Missbrauchsgefahr ist jedoch, dass für eine Analogie schlichtweg kein Raum besteht.[207]

Hierfür bedarf es einer planwidrigen Regelungslücke und eines hinreichend gleichen Sachverhalts.[208] Es muss angenommen werden können, dass der Gesetzgeber bei einer Interessenabwägung, bei der er sich von den gleichen Grundsätzen hätte leiten lassen wie beim Erlass der herangezogenen Gesetzesvorschrift, auch bei der gegenständlichen Norm zum gleichen Abwägungsergebnis gekommen wäre.[209] Schon die regelwidrige Lücke scheint fragwürdig, aber zumindest sind die Sachverhalte nicht hinreichend vergleichbar, da sich § 6 Abs. 1 S. 1 AEntG ausschließlich auf tarifvertragliche und nicht allgemeingültige Mindestlöhne bezieht.[210]

Die teleologische Reduktion der Bestimmungen des MiLoG ist indes als geboten anzusehen. Es erscheint nicht sinnvoll, eine Beschäftigung auch dann unter den Mindestlohn zu stellen, wenn weder eine Belastung der deutschen sozialen Sicherungssysteme, noch eine Ausnutzung der Arbeitnehmer durch zu niedrige Löhne zu befürchten ist.

---

[206] *Riechert/Nimmerjahn*, MiLoG § 20 Rn. 17.

[207] BeckOK ArbR/*Greiner,* MiLoG § 22 Rn. 2.

[208] Larenz/Canaris, 194 ff.

[209] St. Rspr. vgl. BGH, Urt. v. 26.02.2015 – IX ZR 172/14 – NZI 2015, 340 Rn. 31, mwN.

[210] BeckOK ArbR/*Greiner,* MiLoG § 22 Rn. 2.

Insbesondere muss sich eine solche Einschränkung im Falle der Anwendbarkeit der Entsenderichtlinie an dem europäischen Primärrecht messen lassen.[211] Auch wenn die Maßstäbe der Rs. Bundesdruckerei sich nicht unmittelbar auf die Bestimmungen des MiLoG anwenden lassen,[212] so ist sie dennoch als richtungsweisend für die Beurteilung der Verhältnismäßigkeit des Eingriffs in die europäischen Freiheiten anzusehen.[213]

Im Ergebnis wird die Anwendbarkeit des MiLoG auf Transitfälle, auf Grund der fehlenden Belastung der sozialen Sicherungssysteme und dem unzureichenden Bezug zu deutschen Lebenshaltungskosten, als unverhältnismäßig zu verneinen sein. Dies wurde augenscheinlich auch durch die Bundesregierung erkannt, da die behördliche Kontrolle im Falle von Transitfahrten bis zur abschließenden Prüfung der europarechtlichen Konformität ausgesetzt ist.[214]

Sollte jedoch eine tatsächliche (auch kurzfristige) Beschäftigung in Deutschland stattfinden, ist grundsätzlich der Mindestlohn zu zahlen.

III Befristete Ausnahmen

Auch wenn der persönliche und räumliche Anwendungsbereich nach den vorbenannten Vorschriften grundsätzlich eröffnet ist, besteht die Möglichkeit in bestimmten Ausnahmefällen den Mindestlohn zu unterschreiten.

---

211 Vgl. Calliess/Ruffert/*Thorsten Kingreen,* AEUV Art. 36 Rn. 75 ff.

212 So auch von richtig erkannt von *Sittard,* NZA 2015, 78 (81).

213 *Sittard,* NZA 2015, 78 (81); zust. BeckOK ArbR/*Greiner,* MiLoG § 22 Rn. 5.

214 Bundesministerium für Arbeit und Soziales, „Interimslösung bei Mindestlohn im reinen Transitverkehr“ vom 30.01.2015, www.bmas.de/DE/Themen/Soziales-Europa-und-Internationales/Meldungen/2015-01-30-interismloesung-ml-im-reinen-lkw-transitverkehr.html (zuletzt abgerufen am 31.07.2015); Fachmeldung des Zolls, „Aussetzung der Kontrolle und Ahndung von Verstößen nach dem Mindestlohngesetz“ vom 03.02.2015, http://www.zoll.de/SharedDocs/Aktuelle_Einzelmeldungen/DE/Fachmeldungen/arbeit_gesetzlicher_mindestlohn_2.html (zuletzt abgerufen am 31.07.2015).

1 Tarifliche Regelungen

Zum einen können bis zum 31. Dezember 2017 tarifvertragliche Regelungen denen des Mindestlohns vorgehen, sofern sie auf einem allgemeinverbindlichen Tarifvertrag repräsentativer Tarifvertragsparteien beruht, § 24 Abs. 1 MiLoG.

Dies gilt aber nur für Tarifverträge, die Wirkung für Arbeitgeber mit Sitz im In- oder Ausland sowie deren Arbeitnehmerinnen und Arbeitnehmer haben. Mangels internationaler Wirkung ist es somit nicht ausreichend, wenn Tarifverträge „nur“ nach § 5 TVG für allgemeinverbindlich erklärt worden sind.[215] Ein solcher Tarifvertrag kann somit nur unter die Übergangsregelung des § 24 Abs. 1 S. 1 MiLoG fallen, wenn er gleichzeitig in den Anwendungsbereich des AEntG fällt. Dies ist seit der Gesetzesänderung durch das Tarifautonomiestärkungsgesetz gem. § 3 S. 1 i.V.m. § 4 Abs. 1 Nr. 1 AEntG grundsätzlich nur noch für Tarifverträge des Baugewerbes der Fall.

Der Anwendungsbereich des § 24 Abs. 1 S. 1 MiLoG beschränkt sich somit größtenteils auf Mindestlohn-Tarifverträge, die nach §§ 7, 7a AEntG durch Rechtsverordnung verbindlich gemacht worden sind.[216]

An die Repräsentativität der Tarifvertragsparteien sind hingegen keine erhöhten Anforderungen zu stellen.[217] Schon wenn die Voraussetzungen der Allgemeinverbindlichkeit nach § 5 TVG und/oder nach §§ 3, 7 Abs. 2 AEntG erfüllt sind, ist dem Merkmal der Repräsentativität genüge getan.[218] Es ist weiterhin nicht von Belang, ob ein solcher Tarifvertrag bereits zum

---

[215] BeckOK ArbR/*Greiner*, MiLoG § 24 Rn. 4; *Riechert/Nimmerjahn*, MiLoG § 24 Rn. 9; *Sittard*, NZA 2014, 951 (954); **aA:** *Bayreuther*, NZA 2014, 865 (873); *Lembke*, NZA 2015, 70 (72).

[216] *Riechert/Nimmerjahn*, MiLoG § 24 Rn. 8.

[217] BeckOK ArbR/*Greiner*, MiLoG § 24 Rn. 11; *Riechert/Nimmerjahn*, MiLoG § 24 Rn. 20; ebenso, wenn auch krit. *Bayreuther*, NZA 2014, 865 (873); abweichend ErfK/*Franzen*, MiLoG § 24 Rn. 1, der dies als Verweis auf § 7 Abs. 2 AEntG versteht; **aA** *Löwisch*, NZA 2014, 948; wohl auch *Schweibert/Leßmann*, DB 2014, 1866 (1867).

[218] *Riechert/Nimmerjahn*, MiLoG § 24 Rn. 20.

Inkrafttreten des MiLoG bestand, oder ob er erst nachträglich Wirkung erlangt.[219] Entsprechendes gilt jedoch auch ganz ohne Tarifbezug gem. § 24 Abs. 1 S. 2 MiLoG für Branchenmindestlöhne nach § 11 AEntG sowie für Lohnuntergrenzen gem. § 3a AÜG.

Fraglich ist, wie die Rechtsfolge der Übergangsregelung des § 24 Abs. 1 MiLoG und somit das Verhältnis zwischen dem MiLoG und einschlägigen Mindestlohntarifverträgen ausgestaltet ist.

Einer Ansicht zufolge könne sich der Vorrang nach § 24 Abs. 1 MiLoG nur auf die Höhe des Entgeltes, nicht aber auf die weiteren Regelungen des MiLoG beziehen.[220] Grundsätzlich knüpfe diese Ausnahmeregelung zwar an Tarifverträge als Ganzes an, jedoch beziehe sich der Wortlaut einzig auf den Mindestlohn und nicht auf das Gesetz als solches.

Dies vermag nicht zu überzeugen.

Würde man dieser Ansicht folgen, käme man zwingend zu dem Ergebnis, dass ein Tarifvertrag bei Unterschreitung des Mindestlohns unter dem Regime des MiLoG steht. Sollte dann jedoch durch eine Lohnerhöhung das Mindestlohnniveau erreicht werden, wäre der Tarifvertrag gem. § 1 Abs. 3 MiLoG dem MiLoG vorrangig und die Parteien dürften gänzlich vom MiLoG abweichen. Dieses Ergebnis geht nicht mit dem Sinn und Zweck der Ausnahmeregelung einher, wonach den Tarifpartnern ermöglicht werden soll, sich dem Mindestlohn stufenweise anzunähern und so auf die Ertragskraft der jeweiligen Branche Rücksicht zu nehmen.[221]

Der Gegenansicht nach erfolge daher in den Fällen des § 24 Abs. 1 MiLoG eine Verdrängung sämtlicher Regelungen des MiLoG.[222] Dies ergebe sich zum einen bereits direkt aus der Wirkung der allgemeinverbindlichen Tarifverträge, bzw. aus den §§ 7, 11 AEntG, § 3a Abs. 2 AÜG.[223] Zum anderen

---

[219] *Bayreuther* NZA 2014, 865 (873); ErfK/*Franzen* MiLoG § 24 Rn. 1; BeckOK ArbR/*Greiner,* MiLoG § 24 Rn. 4.

[220] Schubert/Jerchel/Düwell, Rn. 108.

[221] BT-Drs. 18/1558, 43.

[222] BeckOK ArbR/*Greiner,* MiLoG § 24 Rn. 12; *Preis/Ulber,* Ausschlussfristen und MiLoG, 39 und 43 f.; *Sagan/Witschen,* jM 2014, 372 (378).

[223] BeckOK ArbR/*Greiner,* MiLoG § 24 Rn. 12.

sei die Ausnahmeregelung im Zusammenhang des § 1 Abs. 3 MiLoG zu lesen, worin ausdrücklich das Verhältnis zwischen Branchenmindestlohnregelungen und dem MiLoG geregelt sei.[224]

Richtigerweise muss davon ausgegangen werden, dass allein durch § 24 Abs. 1 MiLoG keine vollumfängliche Verdrängung des Gesetzes erfolgt. Diese Rechtsfolge ergibt sich vielmehr aus dem § 1 Abs. 3 MiLoG, welcher im Zusammenhang mit § 24 Abs. 1 MiLoG zu sehen ist. Eine vollständige Verdrängung ist daher nur unter den Voraussetzungen des § 1 Abs. 3 MiLoG zu bejahen, wobei der Mindestlohn gem. § 24 Abs. 1 MiLoG zeitlich beschränkt unterschritten werden kann.[225]

2 Zeitungszusteller

Eine weitere Ausnahme ist gem. § 24 Abs. 2 MiLoG für Zeitungszusteller vorgesehen. Ab dem 1. Januar 2015 hatten diese einen Anspruch auf 75 % und ab dem 1. Januar 2016 auf 85 % des Mindestlohns. Diese Regelung soll garantieren, dass auch in strukturschwachen Gebieten eine ordnungsgemäße Zustellung von Zeitungen erfolgen kann und somit die Pressefreiheit des Art. 5 Abs. 1 S. 2 GG nicht unverhältnismäßig durch das MiLoG beeinträchtigt wird.[226]

Als Zeitungszusteller gelten gem. § 24 Abs. 2 S. 3 MiLoG nur Arbeitnehmer, die ausschließlich periodische Zeitungen, Zeitschriften oder Anzeigenblätter mit redaktionellem Inhalt an Endkunden zustellen. Für die Bewertung, ob der vorbenannte Ausschließlichkeitstatbestand erfüllt ist, kommt es einzig auf das konkrete Arbeitsverhältnis an. Unschädlich ist es daher, wenn die Zustellung solcher Zeitungen/Zeitschriften nicht der ausschließliche oder überwiegende Tätigkeitsbereich des Arbeitgebers ist.[227] Werden jedoch

---

[224] *Riechert/Nimmerjahn*, MiLoG § 24 Rn. 23.

[225] *Riechert/Nimmerjahn*, MiLoG § 24 Rn. 23.

[226] BT-Drs. 18/2010, 25

[227] *Riechert/Nimmerjahn* MiLoG § 24 Rn. 62.

im einzelnen Arbeitsverhältnis neben den Zeitungen auch Briefe oder andere Waren verteilt, so gilt die Ausnahmeregelung des § 24 Abs. 2 MiLoG nicht.[228]

Fraglich ist, wie sich die Zustellung von Werbeprospekten, welche häufig parallel erfolgt,[229] zu bewerten ist.

Besteht eine feste Verbindung zum Werbeprospekt, so gilt dies als Zustellung i.S.d. Ausnahmeregelung, da auch reine Anzeigeblätter erfasst sind, solange diese redaktionelle Inhalte enthalten.[230] Gleiches muss gelten wenn solche Prospekte bereits in die Zeitungen eingelegt sind.[231] Solange das Beifügen der Werbeprospekte nicht zum Aufgabenbereich des Zustellers gehört, ändert eine bloße Prospektbeilage nichts an der eigentlichen Tätigkeit des Arbeitnehmers.[232] Bei einer anderen Auslegung ist zu befürchten, dass fast jedes Arbeitsverhältnis, in welchem Zeitungen zugestellt werden, nicht vom Anwendungsbereich des § 24 Abs. 2 MiLoG erfasst wird. Der Ausnahmeregel würde somit faktisch keine Bedeutung zukommen,[233] was dem Gesetzeszweck entgegenliefe.[234] Umfasst der Aufgabenbereich des Zustellers jedoch auch das Einsortieren der Werbeprospekte in die Zeitung, so greift der Ausnahmetatbestand nicht.[235]

IV Mindestlohn und Branchenmindestlöhne

Wie bereits unter 0.III. angedeutet, wird im MiLoG auch allgemein das Verhältnis zu Branchenmindestlöhnen geregelt.

Nach § 1 Abs. 3 MiLoG gehen die Regelungen des AEntG, des AÜG und auf deren Grundlage erlassene Rechtsordnungen denen des MiLoG vor.

---

228 *Bayreuther* NZA 2014, 865 (872)

229 *Schweibert/Leßmann,* DB 2014 1866 (1868).

230 BeckOK ArbR/Greiner, MiLoG § 24 Rn. 17.

231 BeckOK ArbR/Greiner, MiLoG § 24 Rn. 17; *Riechert/Nimmerjahn* MiLoG § 24 Rn. 62; **aA** wohl *Schweibert/Leßmann,* DB 2014 1866 (1868).

232 *Riechert/Nimmerjahn* MiLoG § 24 Rn. 61.

233 *Schweibert/Leßmann,* DB 2014 1866 (1868).

234 BeckOK ArbR/Greiner, MiLoG § 24 Rn. 17.

235 Ähnlich ArbG Nienburg, Urt. v. 14.08.2015 – 2 Ca 151/15 – AuR 2015, 417 L.

Dies gilt allerdings nur, soweit die Höhe der darin festgesetzten Branchenmindestlöhne die Höhe des Mindestlohns nach dem MiLoG nicht unterschreitet. Im Grundsatz gilt der Vorrang nur für tarifliche Branchenmindestlöhne, die nach § 7 AEntG, § 3a AÜG verbindlich gemacht worden sind.[236] Generell vorrangig sind gem. § 1 Abs. 3 S. 2 MiLoG Branchenmindestlöhne der Baubranche nach § 5 TVG i.V.m. § 4 Abs. 1 Nr. 1 AEntG sowie §§ 5, 6 Abs. 2 AEntG.

Dem Wortlaut und der Gesetzesbegründung[237] nach werden sämtliche Regelungen – beispielsweise die der Fälligkeit nach § 2 MiLoG sowie die zum Kontroll- und Sanktionssystem der §§ 14 bis 21 MiLoG – ersetzt.[238] Hierdurch wird sichergestellt, dass weder eine Doppelbelastung durch zwei gleichzeitig anwendbare Mindestlohnvorschriften noch das völlige Fehlen eines Mindestlohnregimes zu befürchten ist.[239]

Wird in einem vorrangigen Regelwerk der Mindestlohn unterschritten, so gilt der gesetzliche Mindestlohn nach dem MiLoG. Aus der Formulierung „soweit" ergibt sich jedoch, dass die übrigen Regelungen dieses Werkes fortbestehen.[240]

---

236 BeckOK ArbR/Greiner, MiLoG § 1 Rn. 82.

237 Bt-Drs. 18/1558, 34.

238 ErfK/*Franzen,* MiLoG § 1 Rn. 21; BeckOK ArbR/*Greiner,* MiLoG § 1 Rn. 81; *Schubert/Jerchel/Düwell*, Rn. 108.

239 Riechert/Nimmerjahn, MiLoG § 1 Rn. 177.

240 ErfK/*Franzen,* MiLoG § 1 Rn. 21.

C Berechnung des Lohns

Ist der Anwendungsbereich des MiLoG eröffnet, besteht die Verpflichtung des Arbeitgebers, seinen Arbeitnehmern mindestens ein Entgelt i.H.v. 8,50 € je Stunde zu zahlen, §§ 20 i.V.m. 2 Abs. 2 S. 1 MiLoG.

Jedoch stellt sich die Frage, ob die Regelungen zum Mindestlohn überhaupt beachtet werden müssen, wenn das Arbeitsverhältnis weit über der Untergrenze des MiLoG vergütet wird.

Zudem besteht mit der Feststellung der Anwendbarkeit noch keine Klarheit darüber, in welcher Höhe die tatsächliche Entgeltzahlung für das jeweilige Arbeitsverhältnis zu erfolgen hat, um den gesetzlichen Vorgaben zu entsprechen.

I Mindestlohn dem Grunde nach

Zunächst ist zu klären, ob der Mindestlohn für jedes Arbeitsverhältnis oder nur im Niedriglohnsektor relevant ist.

Es wird vertreten, dass der Mindestlohn keine rechtliche Auswirkung mehr hat, sobald ein Anspruch auf ein höheres Entgelt als dem Mindestlohn besteht.[241] Die Regelungen seien insoweit teleologisch zu reduzieren, sodass sie nicht auch auf „Besserverdiener“ Anwendung fänden. Ansonsten sei der Schutzzweck des Gesetzes verfehlt.[242] Vor allem müsse eine solche Auslegung schon auf Grund der Rechtssystematik erfolgen.[243]

Bereits in den Regelungen zu den Arbeitszeitkonten sei eine Unterscheidung zwischen dem Mindestlohn und der Vergütung oberhalb dessen vorgenommen worden, § 2 Abs. 2 S. 1 MiLoG. Die gesetzgeberische Begründung,

---

[241] *Lakies,* AbrR 2014, 343 (346); *ders.*, AuR 2014, 360 (366), vgl. auch mit Tendenz *Spielberger/Schilling,* NJW 2014, 2897 (2900 f.); dies. noch deutlicher zum Entwurf in NJW 2014, 414 (416).

[242] *Spielberger/Schilling,* NJW 2014, 414 (416); *Spielberger/Schilling,* NJW 2014, 2897 (2900 f.).

[243] *Lakies,* AbrR 2014, 343 (346).

dass nur eine Regulierung erfolgen soll, sofern es sich um eine mindestlohnrelevante Vergütung handelt,[244] müsse auch für die übrigen Normen gelten. Das MiLoG fände in solchen Fällen keine Anwendung, da es bereits durch einzel- oder kollektivvertragliche Vergütungsansprüche als aliud verdrängt werde.[245]

Nach der zutreffenden Gegenmeinung, ist eine solche Reduktion des MiLoG auf Arbeitsverhältnisse im Niedriglohnbereich jedoch abzulehnen.[246]

Für die Anwendung des MiLoG auf alle Arbeitsverhältnisse spricht zunächst der Wortlaut des § 22 Abs. 1 S. 1 MiLoG, wonach jeder Arbeitnehmer unabhängig von der Entgelthöhe vom Anwendungsbereich des MiLoG erfasst ist.[247]

Nichts anderes lässt sich aus der Gesetzessystematik entnehmen. Gerade der Umstand, dass eine Ausnahmeregelung in § 2 Abs. 2 S. 1 MiLoG für Arbeitszeitkonten eingefügt worden ist, jedoch in den §§ 1 und 3 S. 1 MiLoG bzgl. der Vergütungshöhe fehlt, spricht für eine generelle Anwendung der Vorschriften.[248]

Diese Auslegung entspricht auch dem Sinn und Zweck des Gesetzes. Zwar ist es richtig, dass mittels des Mindestlohns auch der Schutz von Arbeitnehmern im Niedriglohnsektor bewirkt werden soll,[249] jedoch kann nicht die im MiLoG vorgesehene Schutzwirkung erreicht werden, wenn die flankierenden Normen zur Ordnungswidrigkeit und Fälligkeit fehlen. Der Schutz von Arbeitskräften im Niedriglohnbereich ließe sich zu leicht umgehen, wenn

---

[244] Bt-Drs. 18/2010 (neu), 22.

[245] *Lakies,* AbrR 2014, 343 (346).

[246] *Bayreuther*, NZA 2014, 865 (866); *Lembke*, NZA 2015, 70 /73); *Sagan/Witschen*, jM 2014, 372 (374); *Sittard*, NZA 2014, 951 (953); vgl. *Preis/Ulber*, Ausschlussfristen und MiLoG, 2014, 21 ff.

[247] BeckOK ArbR/*Greiner,* MiLoG § 1 Rn. 22; *Preis/Ulber*, Ausschlussfristen und MiLoG, 2014, 22.

[248] BeckOK ArbR/*Greiner,* MiLoG § 1 Rn. 22; *Preis/Ulber*, Ausschlussfristen und MiLoG, 2014, 23 ff.

[249] BT-Drs. 18/1558, A II 3, 32.

das MiLoG auf Arbeitsverhältnisse mit einer Lohnzusage von z. B. 8,51 € keine Anwendung mehr fände.[250]

Grundsätzlich finden die Regelungen des MiLoG daher auf alle Arbeitsverhältnisse im Geltungsbereich, unabhängig von der Entgelthöhe, Anwendung.

Eine Einschränkung erfahren die Regelungen auf Grund des § 3 S. 1 MiLoG. Der Gesetzgeber hat die Unwirksamkeit von Abreden, welche den Mindestlohn beschränken, nur „insoweit" und nicht insgesamt verfügt. Es handelt sich somit um eine angeordnete geltungserhaltende Reduktion.[251]

Entgeltabreden, welche den Mindestlohn überschreiten, sind daher aufgespalten in einen „Mindestlohnsockel" und einen den jeweiligen Mindestlohn überschreitenden Bestandteil zu betrachten.[252] Regelungen, durch die der Mindestlohn unterschritten oder durch die dessen Geltendmachung beeinträchtigt wird, sind daher nur bis zur Höhe des Mindestlohns unwirksam. Für das darüberhinausgehende Entgelt bestimmt sich die Wirksamkeit der Vereinbarungen einzig nach den allgemeinen Vorschriften (z.B. §§ 138, 305 ff. BGB, § 4 Abs. 3 und 4 TVG, § 77 Abs. 3 und 4 BetrVG).[253]

II Mindestlohn und sittenwidriger Lohn

Der Mindestlohn stellt nunmehr grundsätzlich die geringste Lohnuntergrenze innerhalb des Anwendungsbereichs dar. Seitens des Gesetzgebers wurde somit eine gesetzliche Sittenwidrigkeitsgrenze fixiert.[254] Fraglich ist jedoch, wie genau das Verhältnis zwischen dem Mindestlohn und der Lohnuntergrenze nach den Maßstäben der Sittenwidrigkeit nach § 138 BGB ausgestaltet ist.

---

250 *Lembke*, NZA 2015, 70 (73), vgl. ähnlich *Bayreuther*, NZA 2014, 865 (866).

251 *Sagan/Witschen*, jM 2014, 372 (376); **aA** *Bayreuther*, NZA 2015, 385 (387).

252 *Bayreuther*, NZA 2014, 865 (866); *Lembke*, NZA 2015, 70 (73); *Preis/Ulber*, Ausschlussfristen und MiLoG, 22 ff.; *Sittard*, NZA 2014, 951 (952 f.).

253 *Lembke*, NZA 2015, 70 (73); *Preis/Ulber*, Ausschlussfristen und MiLoG, 22 ff.

254 *Preis/Ulber*, Die Verfassungsmäßigkeit des MiLoG, 130.

1 Sittenwidrigkeitsrechtsprechung

Liegt ein vereinbarter Lohn unter dem jeweiligen Mindestlohn nach § 1 Abs. 2 MiLoG, ist die Vergütungsabrede insoweit unwirksam, § 3 S. 1 MiLoG.

Die Nichtigkeit eines Rechtsgeschäfts(-teils) kann sich jedoch auch aus § 138 BGB ergeben. Hiernach ist ein Rechtsgeschäft nichtig, wenn es entweder durch Ausbeutung der Zwangslage, der Unerfahrenheit bzw. des Mangels an Urteilsvermögen eines anderen (§ 138 Abs. 2 BGB) oder durch andere sittenwidrige Umstände (§ 138 Abs. 1 BGB) zu einem groben Missverhältnis zwischen Leistung und Gegenleistung kommt.[255] Als anderer sittenwidriger Umstand i.S.d. § 138 Abs. 1 BGB gilt z. B. eine verwerfliche Gesinnung des Begünstigten.

Nichtig ist dann nur die Vergütungsabrede. Der Rest des Vertrages bleibt insoweit wirksam.[256]

Ob ein Missverhältnis zwischen Leistung und Gegenleistung vorliegt, ist nach dem objektiven Wert der Arbeitsleistung zu bestimmen. Ausgangspunkt sind hierbei regelmäßig die Tariflöhne der jeweiligen Branche.[257] Ein Tariflohn ist aber nur als üblicher Lohn anzusehen, wenn mehr als 50 % der Arbeitgeber eines Wirtschaftsgebietes tarifgebunden sind oder mehr als 50 % der Arbeitnehmer eines Wirtschaftsgebiets durch tarifgebundene Arbeitgeber beschäftigt werden.[258] Spiegelt der Tariflohn hingegen nicht die verkehrsübliche Vergütung wieder, ist das allgemeine Lohnniveau des Wirtschaftszweiges für die Bestimmung des objektiven Werts der Arbeitsleistung heranzuziehen.[259]

---

[255] BAG, Urt. v. 16.05.2012 – 5 AZR 268/11 – NZA 2012, 974 Rn. 29 f. mwN.

[256] Z. B. BAG, Urt. v. 26. 4. 2006 – 5 AZR 549/05 – NZA 2006, 1354 (1357), Rn. 26.

[257] BAG, Urt. v. 22.04.2009 – 5 AZR 436/08 – BAGE 130, 338 = NZA 2009, 837 (838), Rn. 14.

[258] BAG, (siehe Fn. 257), Rn. 24.

[259] BAG, (siehe Fn. 257), Rn. 14; BAG, Urt. v. 11.01.1973, AP GG Art. 3 Nr. 110, unter III.2.b).

Ein Missverhältnis zwischen Lohn und Arbeitsleistung ist dann als sittenwidrig im Sinne eines Lohnwuchers anzusehen, wenn die Vergütung weniger als zwei Drittel des üblichen Lohns beträgt.[260] Solch eine Lohnabrede ist nach § 138 Abs. 1 bzw. 2 BGB nichtig. An die Stelle einer unwirksamen Lohnabrede tritt grundsätzlich die übliche Vergütung nach § 612 Abs. 2 BGB.[261]

2 Verhältnis zwischen Mindestlohn und Sittenwidrigkeit

a) Mindestlohn als neue Grenze

Einer Ansicht nach geht der Mindestlohn der Rechtsprechung zu § 138 BGB als neue Grenze der Sittenwidrigkeit vor.[262] Der Mindestlohn stelle demnach das Mindestmaß einer üblichen Vergütung dar. Dies habe zur Folge, dass Löhne auch außerhalb des Anwendungsbereichs des MiLoG kaum noch als sittengemäß anzusehen seien, wenn sie unterhalb des Mindestlohns liegen.[263] Der Gesetzgeber habe in § 24 Abs. 2 MiLoG einen Lohn i.H.v. 75 % des Mindestlohns gerade noch als sittengemäß angesehen. Es bedürfe daher auf Grund einer planwidrigen Regelungslücke der analogen Anwendung dieser Norm, sodass jeder Lohn unterhalb dieser Drei-Viertel-Grenze des Mindestlohns nicht mehr als sittengemäß angesehen werden könne.[264]

Im Ergebnis ist diese Ansicht abzulehnen.

Richtig ist zwar, dass hier eine Regelungslücke besteht, jedoch ist fraglich, ob diese als planwidrig anzusehen ist. Dies wäre nur zu bejahen, wenn etwas nicht geregelt ist, was der Gesetzgeber jedoch hätte regeln wollen.[265] Es erscheint unsinnig zu behaupten, dass der Gesetzgeber auch auf Sachverhalte außerhalb des Anwendungsbereichs des MiLoG Einfluss nehmen wollte,

---

[260] BAG, (siehe Fn. 257), Rn. 17.

[261] BAG, Urt. v. 24.11.1993 – 5 AZR 153/93 – NZA 1994, 759 (761), unter I.3.; BAG, Urt. v. 24.10.2001 – 5 AZR 32/00 – NZA 2002, 209 (210), unter B.I.1.; BAG, Urt. v. 26.04.2006 – 5 AZR 549/05 – NZA 2006, 1354 (1357), Rn. 26; BAG, (siehe Fn. 257), Rn. 9.

[262] Schubert/Jerchel/Düwell, Rn. 152 ff.

[263] Schubert/Jerchel/Düwell, Rn. 154.

[264] Schubert/Jerchel/Düwell, Rn. 155.

[265] Larenz/Canaris, 194 ff.

wenn er diese Fälle eben durch Herausnahme ausschließt. Weiterhin kann davon ausgegangen werden, dass der Gesetzgeber durchaus Kenntnis von der Zwei-Drittel-Rechtsprechung hinsichtlich der Sittenwidrigkeit von Vergütungsabreden hatte, was wiederum gegen die Planwidrigkeit spricht. Eine ohnehin befristete, eng gefasste Ausnahme für einen speziellen Wirtschaftszweig als allgemeinen Wertungsmaßstab heranzuziehen, geht deutlich über den Regelungszweck dieser Norm hinaus.[266]

b) Verdrängung der Sittenwidrigkeitsrechtsprechung

Es wird auch vertreten, dass die vorbenannte Rechtsprechung zum sittenwidrigen Lohn mit der Etablierung des allgemeinen Mindestlohns nun völlig entfällt.[267]

Der Gesetzgeber habe mit Etablierung des Mindestlohns nach dem MiLoG eine neue absolute Lohnuntergrenze geschaffen. Diese gelte losgelöst von einem eventuellen Vergleichslohn und könne auf Grund der gesetzgeberischen Wertung selbst nicht als sittenwidrig angesehen werden. Einem Arbeitgeber, welcher sich mit der Zahlung eines Entgelts in Höhe des Mindestlohns an die gesetzlichen Vorgaben hält, könne demnach kein sittenwidriges Verhalten vorgeworfen werden.[268]

Dem wird von der überwiegenden Gegenmeinung entgegengehalten, dass die Sittenwidrigkeitsrechtsprechung vollständig neben dem Mindestlohn bestehen muss.[269] Durch den Mindestlohn solle lediglich eine zwingende Lohnuntergrenze geschaffen werden.[270] Dies hieße jedoch nicht, dass nicht

---

[266] Im Ergebnis auch *Forst/Degen,* DB 2015, 863 (864).

[267] *Diringer,* NZA Editorial 2/2014; im Ergebnis, wenn auch ohne Begründung *Lakies,* MiLoG § 3 Rn. 5.

[268] *Diringer,* NZA Editorial 2/2014 mit Verweis auf BAG, Urt. v. 17. 10. 2012 – 5 AZR 792/11 – NZA 2013, 266.

[269] ErfK/*Franzen*, § 1 MiLoG, Rn. 1; ErfK/*Preis*, § 612 BGB, Rn. 3c; *Bayreuther*, NZA 2014, 865 (866); *Däubler*, NJW 2014, 1924 (1927); *Baeck/Winzer/Kramer*, NZG 2014, 254 (255); *Viethen*, NZA-Beilage 2014 143 (144); *Bauer/Klebe* in Bauer/Klebe/Schunder, NZA 2014, 12 (13).

[270] *Baeck/Winzer/Kramer*, NZG 2014, 254 (255); *Bauer* in Bauer/Klebe/Schunder, NZA 2014, 12 (13).

auch ein Mindestlohn im Einzelfall als sittenwidrig i.S.d. § 138 BGB anzusehen sein könnte.[271] Denn anders als beim Mindestlohn, ziele die Sittenwidrigkeitsrechtsprechung darauf ab, eine Störung im Äquivalenzverhältnis zwischen Arbeitsleistung und Lohn zu lösen.[272] Auf Grund des unterschiedlichen Regelungszwecks könne man somit nicht von einem gegenseitigen Ausschluss ausgehen.

Der Gegenmeinung ist zumindest insoweit zuzustimmen, dass es zu keiner vollständigen Verdrängung der Rechtsprechung der Lohnwucherrechtsprechung kommen kann.

c) Differenzierte Betrachtung

Einer weiteren Ansicht nach ließe es sich jedoch nicht pauschal beantworten, ob beide Regelungskomplexe vollständig unabhängig voneinander weiterbestehen.[273] Vielmehr müsse das Verhältnis zwischen dem Mindestlohn und der Sittenwidrigkeitsrechtsprechung sachverhaltsbezogen betrachtet werden.

Richtigerweise sind Fälle, in denen eine Kollision zwischen MiLoG und der Rechtsprechung zum § 138 BGB nicht denkbar sind, als unproblematisch anzusehen. So ist die Sachlage eindeutig, wenn keine der beiden Grenzen unterschritten wird oder die Vergütung unter dem Mindestlohn, nicht aber unter der Sittenwidrigkeitsgrenze liegt. Im letzteren Fall führt einzig das MiLoG zur Nichtigkeit der Vergütungsabrede, ohne dass § 138 BGB von Belang ist.[274]

Weniger eindeutig seien jedoch vor allem zwei Fallkonstruktionen. Zum einen, wenn die Vergütung zwar über dem Mindestlohn, aber unter der Sittenwidrigkeitsgrenze liegt. Zum anderen, wenn die Vergütung sowohl den Mindestlohn, als auch die Sittenwidrigkeitsgrenze unterschreitet. In beiden Fällen stelle sich die Frage, welche Rechtsfolge eintrete. Denkbar sei, dass

---

[271] *Baeck/Winzer/Kramer*, NZG 2014, 254 (255); *Viethen,* NZA-Beilage 2014, 143 (144).

[272] ErfK/*Franzen,* § 1 MiLoG, Rn. 1; ErfK/*Preis*, § 612 BGB, Rn. 3 ff.

[273] *Forst/Degen,* DB 2015, 863 (864 f.).

[274] So auch *Forst/Degen,* DB 2015, 863 (864).

der Arbeitgeber (weiterhin) „nur“ den Mindestlohn oder aber die übliche Vergütung nach § 612 Abs. 2 BGB schulde.[275]

Ein Lohn, der zwar den Mindestlohn erreicht oder überschreitet, jedoch unterhalb der Sittenwidrigkeitsgrenze liegt, kann richtigerweise mangels Verstoß gegen das MiLoG einzig nach § 138 BGB nichtig sein.[276] Fraglich ist jedoch, ob hierbei wie bisher auf den üblichen Lohn abzustellen ist oder der Anspruch der Höhe nach auf den Mindestlohn beschränkt wird.

Gem. § 612 Abs. 2 BGB ist bei dem Bestehen einer Taxe die taxmäßige Vergütung und in Ermangelung einer solchen, die übliche Vergütung als vereinbart anzusehen. Bereits dem Wortlaut nach geht eine eventuell bestehende Taxe der üblichen Vergütung vor.[277] Als Taxen bezeichnet man nach Bundes- oder Landesrecht festgelegte Vergütungssätze.[278] Es wird vertreten, dass hierunter auch der Mindestlohn fallen könnte.[279] Für den vorliegenden Fall sei dies jedoch nicht entscheidend, da sich die Nichtigkeit aus § 138 BGB und nicht aus dem MiLoG ergebe. Die Rechtsfolge könne nicht aus dem MiLoG gezogen werden, wenn der Vergütungssatz doch oberhalb des Mindestlohns liege.[280]

Anders sei die Lage hingegen im zweiten Problemfall, wenn die Vergütungsabrede sowohl unterhalb der Grenze der Sittenwidrigkeit nach § 138 BGB als auch unter dem gesetzlichen Mindestlohn liege. In diesem Fall ergebe sich die Nichtigkeit der Abrede aus § 3 MiLoG i.V.m. § 134 BGB.[281] Eine geltungserhaltende Reduktion der Vergütung in Höhe des Mindestlohns finde nicht statt,[282] da sich die Einschränkung der Unwirk-

---

[275] So auch *Forst/Degen,* DB 2015, 863 (864).

[276] *Forst/Degen,* DB 2015, 863 (864); im Ergebnis auch *Bayreuther*, NZA 2014, 865 (866), Beispiel (3).

[277] BeckOK BGB/*Fuchs,* BGB § 612 Rn. 10; BeckOK ArbR/*Joussen,* BGB § 612 Rn. 32 f.

[278] BAG, Urt. v. 24.02.2011 – 6 AZR 719/09 – AP BGB § 611 Kirchendienst Nr. 59 Rn. 29.

[279] *Forst/Degen,* DB 2015, 863 (865).

[280] *Forst/Degen,* DB 2015, 863 (865 f.).

[281] So auch *Däubler,* NJW 2014, 1924 (1927); *Lakies*, MiloG, § 3 Rn. 5.

[282] So aber ErfK/*Franzen* MiLoG § 3 Rn. 1; *Lembke,* NZA 2015, 70 (77).

samkeit nach § 3 MiLoG einzig auf die Wirksamkeit des Vertrags i.Ü. beziehe.[283] Die nun nach § 612 Abs. 2 BGB zu bestimmende Vergütung[284] sei jedoch auf den Mindestlohn als Taxe beschränkt. Anders als im ersten Problemfall, seien nunmehr Tatbestand und Rechtsfolge einheitlich aus dem MiLoG gegeben. Dies führe zwingend dazu, dass die Regelungen nach dem MiLoG gem. § 612 Abs. 2 BGB vorrangig heranzuziehen seien.[285]

Die Sittenwidrigkeitsrechtsprechung habe in diesem Fall neben dem Mindestlohn keinen Bestand. Zum einen werde der § 138 BGB bereits durch Anwendung des spezielleren[286] § 134 BGB verdrängt. Zum anderen könne schon der § 3 MiLoG allein für eine solche Verdrängung sorgen. Das MiLoG stelle nicht nur das neuere, sondern auch das speziellere Gesetz gegenüber § 138 BGB dar. Auch sei § 3 MiLoG nach Auslegung hinsichtlich des Wortlauts, der Systematik und des Zwecks in der Art abschließend, dass keine anderen Regelungen daneben Bestand haben können. Der § 138 BGB sei in seiner Schutzfunktion vor unangemessen niedrigen Löhnen nunmehr durch Etablierung des MiLoG, zumindest in diesem Fall, abgelöst worden.[287]

Die gleiche Rechtsfolge ergebe sich im Übrigen auch, wenn beide Regelungskomplexe nebeneinander Anwendung finden würden. Schließlich sei auch in diesem Falle der Mindestlohn als Taxe i.S.d. § 612 Abs. 2 BGB der üblichen Vergütung vorrangig.[288]

---

283 *Bayreuther,* NZA 2014, 865 (866); *ders.*, NZA 2015, 385 (387); *Lakies*, MiloG, § 3 Rn. 5; *Pötters/Krause,* NZA 2015, 398.

284 *Bayreuther,* NZA 2014, 865 (866); *Bayreuther*, NZA 2015, 385 (387); *Däubler,* NJW 2014, 1924 (1927), *Nebel/Kloster,* BB 2014, 2933; *Pötters/Krause,* NZA 2015, 398; *Rudkowski*, ZWE 2015, 11 (13); *Viethen,* NZA-Beilage 2014, 143 (146).

285 *Forst/Degen,* DB 2015, 863 (866 f.).

286 So zumindest für § 138 Abs. 1, nicht aber für Abs. 2 BGB BAG Urt. v. 24.03.1993 – 1 AZR 298/92 – NJW 1993,2701 (2703) ; BGH Urt. v. 21.03.1996 – IX ZR 240/95 – NJW 1996, 1954 (1956).

287 Für den Absatz *Forst/Degen,* DB 2015, 863 (866 f.).

288 *Forst/Degen,* DB 2015, 863 (866 f.).

d) Unabhängiger Bestand beider Systeme

Auch der differenzierenden Ansicht kann im Ergebnis nicht gefolgt werden. Vielmehr muss die Rechtsprechung zur Sittenwidrigkeit nach § 138 BGB weiterhin neben den Ansprüchen aus dem MiLoG bestehen.[289]

Würde man der differenzierenden Ansicht folgen, käme es zu folgendem widersinnigen Ergebnis:

Arbeitnehmer A und B haben beide eine vertragliche Vergütungsabrede über 6,00 € je Stunde. Der übliche Lohn i.S.d. § 612 Abs. 2 Alt. 2 BGB beträgt bei Arbeitnehmer A 12,75 € je Stunde und bei Arbeitnehmer B 12,76 € je Stunde. Der Ausgangslohn beider Arbeitnehmer liegt sowohl unter dem Mindestlohn, als auch unter der Zwei-Drittel-Grenze der Sittenwidrigkeitsrechtsprechung.

Arbeitnehmers A müsste dieser Ansicht nach zunächst den Mindestlohn nach § 3 MiLoG i.V.m. § 612 Abs. 2 Alt. 1 BGB geltend machen. Der dann entstandene Lohn würde genau zwei Drittel des üblichen Lohns ausmachen ($12{,}75\ € \times 2/3 = 8{,}50\ €$) und wäre nicht als sittenwidrig anzusehen. Arbeitnehmer A hätte demnach nur einen Anspruch auf eine Vergütung in Höhe des Mindestlohns.

Gleiches gilt vorerst auch für Arbeitnehmer B, der den Mindestlohn als Taxe verlangen könnte. Hier wäre der dann entstandene Anspruch jedoch, wegen Unterschreitung der Sittenwidrigkeitsgrenze ($12{,}76\ € \times 2/3 = 8{,}51\ €$), selbst als sittenwidrig i.S.d. § 138 BGB anzusehen. Arbeitnehmer B könnte somit nach Geltendmachung des Mindestlohns weiterhin einen Anspruch auf die übliche Vergütung nach §§ 138 i.V.m. 612 Abs. 2 BGB geltend machen.

Obwohl die Ausgangsabreden in beiden Fällen sittenwidrig sind, weisen die jeweiligen Ansprüche zum Schluss eine nicht unwesentliche Differenz

---

[289] ErfK/*Franzen*, § 1 MiLoG, Rn. 1; ErfK/*Preis*, § 612 BGB, Rn. 3c; *Bayreuther*, NZA 2014, 865 (866); *Däubler*, NJW 2014, 1924 (1927); *Baeck/Winzer/Kramer*, NZG 2014, 254 (255); *Viethen*, NZA-Beilage 2014 143 (144); *Bauer/Klebe* in Bauer/Klebe/Schunder, NZA 2014, 12 (13).

i.H.v. 4,26 € auf. Dies kann in Anbetracht, dass sich der übliche Lohn lediglich um 1 Cent unterscheidet, nicht als gerecht angesehen werden.

Schon aus diesem Grund ist die differenzierte Ansicht abzulehnen.

Es sprechen jedoch noch weitere Argumente für den unabhängigen Bestand beider Regelungssysteme.

Die Verdrängung des § 138 BGB durch den § 134 BGB kann schon deshalb nicht erfolgen, weil letzterer im Fall der Unterschreitung des Mindestlohns nicht anwendbar ist. Die Anwendbarkeit des § 134 BGB ist ausgeschlossen, soweit ein Verbotsgesetz seine Rechtsfolge selbst anordnet.[290] In § 3 MiLoG ist die Nichtigkeit als Rechtsfolge bereits ausdrücklich bestimmt, sodass für § 134 BGB schon kein Raum mehr besteht.

Auch wird der § 138 BGB nicht schon durch § 3 MiLoG selbst verdrängt. Aus der Gesetzesauslegung ergibt sich lediglich, dass keine anderen ungünstigeren Regelungen neben denen des MiLoG bestehen dürfen.[291] Wie im vorangegangenen Beispiel verdeutlicht, kann sich die Anwendung des § 138 BGB jedoch als günstiger für den Arbeitnehmer herausstellen.

Zudem wird der § 138 BGB in seiner Schutzwirkung nicht abgelöst. Zwar dienen beide Regelungskomplexe dem Schutz vor unangemessen niedrigen Löhnen, jedoch soll im Wege des MiLoG lediglich ein Mindestschutz etabliert werden.[292] Ein weiterer Schutz vor unangemessenen Löhnen, die branchenspezifisch bestimmt werden, widerspricht dem nicht.

Des Weiteren handelt es sich beim Mindestlohn nicht um eine Taxe i.S.d. § 612 Abs. 2 BGB.[293] Zwar ist der Mindestlohn als durch Bundesrecht festgelegter Vergütungssatz anzusehen, jedoch fehlt es an der Vergleichbarkeit mit den übrigen Taxen. Als solche sind insbesondere Vergütungen nach dem RVG, der GebO für Ärzte und Zahnärzte sowie der HOAI anzusehen.[294] Im

---

290 BeckOK BGB/*Wendtland,* BGB § 134 Rn. 17.

291 BT-Drs. 18/1558, 35, zu § 3.

292 BT-Drs. 18/1558, 27 ff.

293 So auch *Lakies,* MiLoG § 3 Rn. 7.

294 ErfK/*Preis*, BGB § 612 Rn. 36.

Gegensatz zum Mindestlohn regeln all diese Ordnungen die Vergütungssätze für spezielle Berufsgruppen, hier ausschließlich Freiberufler.[295] In diesen Ordnungen ist die Vergütung in Abhängigkeit zur Arbeitsleistung, zumeist innerhalb eines bestimmten Gebührenrahmens, festgelegt. So z.B. in § 5 Abs. GOZ, § 5 GOÄ, Nr. 2300 VV RVG.

Dem allgemeinen Mindestlohn fehlt es zum einen schon am Berufs- bzw. Branchenbezug, zum anderen auch am Spielraum bzgl. der Vergütungshöhe.[296]

In der Vergangenheit wurde die Taxeneigenschaft sogar für Mindestlöhne nach dem AEntG und dem AÜG verneint, obwohl diese sogar einen höheren Spezifizierungsgrad als der allgemeine Mindestlohn nach dem MiLoG aufweisen.[297] Nichts anderes kann für den vorliegenden Fall gelten. Für Arbeitsverhältnisse existiert daher auch nach Inkrafttreten des MiLoG keine Taxe i.S.d. § 612 Abs. 2 BGB.

Eine andere Auslegung würde entgegen des Willens des Gesetzgebers[298] zu einer Verschlechterung der Arbeitnehmerstellung führen. Vielmehr spricht die stärkere Sanktionswirkung dafür, dass auch weiterhin der übliche Lohn geschuldet wird.[299]

Es bleibt demnach festzuhalten, dass die Rechtsprechung bzgl. der Sittenwidrigkeit nicht verdrängt wird, sondern gleichberechtigt neben den Regelungen zum Mindestlohn bestehen bleibt.

III Berechnungsgrundlage

1 Mindestlohn je Zeitstunde

Hinsichtlich der richtigen Berechnung des Lohnanspruchs eines Arbeitnehmers, stellt sich die Frage, auf welcher Grundlage diese zu erfolgen hat.

---

295 BeckOK ArbR/*Joussen,* BGB § 612 Rn. 32.

296 So auch *Lakies,* MiLoG § 3 Rn. 7.

297 MüKoBGB/*Müller-Glöge,* BGB § 612 Rn. 28.

298 BT-Drs. 18/1558, 28.

299 *Bayreuther,* NZA 2014, 865 (866); *Bayreuther*, NZA 2015, 385 (387); *Pötters/Krause,* NZA 2015, 398 (399).

Gem. § 1 Abs. 2 S. 1 MiLoG beträgt der Mindestlohn 8,50 € je Zeitstunde. Aus der Gesetzesbegründung[300] ergibt sich, dass mit „Zeitstunde" ausschließlich Arbeitszeit gemeint ist.[301] Hierbei ist nicht auf die vereinbarten, sondern auf die tatsächlich geleisteten Arbeitsstunden abzustellen.[302]

Der Begriff der Arbeitszeit ist im MiLoG nicht ausdrücklich geregelt. Es ist somit fraglich, welcher Arbeitszeitbegriff anzuwenden ist.

Einer Ansicht nach sei der arbeitsschutzrechtliche Arbeitszeitbegriff nach § 2 Abs. 1 ArbZG entscheidend (folgend: arbeitsschutzrechtliche Ansicht).[303] Hingegen finde der Gegenmeinung nach der Begriff der vergütungspflichtigen Arbeitszeit Anwendung (folgend: vergütungsrechtliche Ansicht).[304]

Nach dem arbeitsschutzrechtlichen Begriff der Arbeitszeit wird die Zeit vom Beginn bis zum Ende der Arbeit abzüglich Ruhezeiten erfasst, § 2 Abs. 1 ArbZG. Hingegen tritt bei der vergütungspflichtigen Arbeitszeit zum Merkmal der Arbeitszeit noch das der Vergütungspflicht hinzu.[305] Dieses knüpft jedoch einzig an die Leistung der versprochenen Dienste i.S.d. § 611 Abs. 1 BGB an.[306]

Als Arbeit gilt jede zur Befriedigung eines fremden Bedürfnisses dienende Tätigkeit.[307] Zu den versprochenen Diensten zählen sowohl die eigentliche Tätigkeit, als auch jede andere vom Arbeitgeber im Synallagma verlangte Arbeit, die unmittelbar mit der Hauptleistungspflicht zusammenhängt.[308] So

---

300 BT-Drs. 18/1558, 34 zu § 2 Abs. 2.

301 So auch *Lakies,* MiLoG § 1 Rn. 22.

302 BT-Drs. 18/1558, 34 zu § 2 Abs. 2.

303 *Däubler,* NJW 2014, 1924 (1926); *Lakies,* MiLoG § 1 Rn. 28; *Lembke,* NZA 2015, 70 (73 f.); *Nebel/Kloster,* BB 2014, 2933; *Schubert/Jerchel/Düwell,* Rn. 94 ff.; wohl auch BeckOK ArbR/*Greiner,* MiLoG § 1 Rn. 73.

304 ErfK/*Franzen,* MiLoG § 1 Rn. 4; *Lambrich/Mitius,* DB 2015, 126 (128); wenn auch mit abweichender Konsequenz: *Riechert/Nimmerjahn,* MiLoG § 1 Rn. 54.

305 Riechert/Nimmerjahn, MiLoG § 1 Rn. 56.

306 BAG, Urt. v. 20.04.2011 – 5 AZR 200/10 – BAGE 137, 366 = NZA 2011, 917 Rn. 20.

307 BAG, Urt. v. 11.10.2000 – 5 AZR 122/99 – BAGE 96, 45 = NZA 2001, 458 (460) unter IV.3.d).

308 BAG, Urt. v. 19.09.2012 – 5 AZR 678/11 – NZA-RR 2013, 63 Rn. 28.

gilt auch das Umkleiden in einem Betrieb als Leistung versprochener Dienste, wenn dies angeordnet wurde.[309]

Auch wenn der Begriff der Arbeitszeit i.S.d. ArbZG Schnittmengen mit dem der vergütungspflichtigen Arbeitszeit aufweist, so sind diese nicht deckungsgleich. Entscheidende Unterschiede zwischen den beiden vertretenen Meinungen können sich insbesondere hinsichtlich der Höhe der Vergütungspflicht bei besonderen Formen der Arbeitsleistung, wie insbesondere dem Bereitschaftsdienst, ergeben.

Ein Arbeitnehmer befindet sich im Bereitschaftsdienst, wenn er sich, ohne sich im Zustand wacher Achtsamkeit zu befinden, an einer durch den Arbeitgeber bestimmten Stelle aufhalten muss, um bei Notwendigkeit seine Arbeit aufzunehmen.[310] Spätestens seit der Klarstellung durch den EuGH[311] ist der Bereitschaftsdienst gänzlich als Arbeitszeit i.S.d. ArbZG anzusehen (vgl. § 7 Abs. 1 Nr. 1 ArbZG).

Folgt man der arbeitsschutzrechtlichen Ansicht um die Mindestlohnpflicht zu bestimmen, ist die komplette Zeit des Bereitschaftsdienstes mindestens mit dem Mindestlohn zu vergüten.[312] Man müsse den Arbeitszeitbegriffs nach dem ArbZG dieser Ansicht nach bereits hinsichtlich der „Einheit der Rechtsordnung" verwenden.[313] Dies diene der Vermeidung von inneren Widersprüchen.[314]

Dem wird entgegengehalten,[315] dass das ArbZG nur Regelungen zum Arbeitsschutz zum Gegenstand habe und keine Aussage über die Vergütung

---

309 BAG, Urt. v. 28.07.1994 – 6 AZR 220/94 – NZA 1995, 437, unter II.3.b).

310 Vgl. BAG, Urt. v. 24.9.2008 – 10 AZR 669/07 – NZA 2009, 45 Rn. 28 ff.

311 EuGH, Urt. v. 03.10.2000 – C-303/98 – (Simap), Slg. I 2000, 7963 Rn. 52; EuGH, Urt. v. 09.09.2003 – C-151/02 – (Jaeger), Slg. I 2003, 8389 Rn. 71, 75; EuGH v. 1. 12. 2005 – C-14/04 – (Dellas), Slg. I 2005, 10253 Rn. 46.

312 *Däubler,* NJW 2014, 1924 (1926); *Lakies,* MiLoG § 1 Rn. 23; *Lembke,* NZA 2015, 70 (73 f.); *Nebel/Kloster,* BB 2014, 2933; iE auch BeckOK ArbR/*Greiner,* MiLoG § 1 Rn. 73.

313 *Nebel/Kloster,* BB 2014, 2933.

314 *Däubler,* NJW 2014, 1924 (1926).

315 Riechert/Nimmerjahn, MiLoG § 1 Rn. 55.

der Arbeitszeit tätige.[316] Demnach sei der vergütungsrechtliche Arbeitszeitbegriff anzuwenden.

Konsens besteht innerhalb der vergütungsrechtlichen Ansicht zumindest darüber, dass der Bereitschaftsdienst, im Gegensatz zu Pausenzeiten,[317] vergütungspflichtige Arbeitszeit im weiteren Sinne darstellt.[318] Auch ist man sich darüber einig, dass für solche Dienste eine gesonderte Vergütungsregelung getroffen werden kann.[319]

Die Vergütungshöhe wird hingegen unterschiedlich betrachtet. Einerseits wird darauf abgestellt, dass die Vergütungshöhe zwar (tarif-)[320]vertragsdispositiv[321] ist, es jedoch durch die jeweiligen Abreden nicht zur Unterschreitung des Mindestlohns kommen darf.[322] Insoweit kämen sowohl die arbeitsschutzrechtliche, als auch die vergütungsrechtliche Ansicht zum gleichen Ergebnis, nämlich zur Vergütungspflicht des gesamten Bereitschaftsdienstes mindestens in Höhe des Mindestlohns.

Andererseits wird vertreten, dass eine Mindestlohnpflicht nur für die Zeiten der tatsächlichen Arbeitsleistung und nicht für Ruhezeiten ausgelöst wird.[323] In den Bereitschaftszeiten erbringe der Arbeitnehmer zwar eine Leistung, jedoch nicht die vertraglich geschuldete (Voll-)Leistung nach § 611

---

316 BAG, Urt. v. 24.09.2008 – 10 AZR 770/07 – BAGE 128, 42 = NZA 2009, 272 Rn. 35 f.

317 BAG, Urt. v. 29.10.2002 – 1 AZR 603/01 – NZA 2003, 1212 (1214).

318 BAG, Urt. v. 20.04.2011 – 5 AZR 200/10 – NZA 2011, 917 Rn. 21; BAG, Urt. v. 28.01.2004 – 5 AZR 530/02 – BAGE 109, 254 = NZA 2004, 656 (659) unter III.4.

319 BAG, Urt. v. 20.04.2011 – 5 AZR 200/10 – NZA 2011, 917 Rn. 32; für den Mindestlohn ErfK/*Franzen,* MiLoG § 1 Rn. 4.

320 BAG, Urt. v. 05.06.2003 – 6 AZR 114/02 – BAGE 106, 252 = NZA 2004, 164 (170), unter B.II.2.b).

321 BAG, Urt. v. 28.01.2004 – 5 AZR 530/02 – BAGE 109, 254 = NZA 2004, 656 (659) unter III.3.

322 Lambrich/Mitius, DB 2015, 126 (128); iE Schubert/Jerchel/Düwell, Rn. 97 ff.

323 *Riechert/Nimmerjahn,* MiLoG § 1 Rn. 69, 71.

Abs. 1 BGB.[324]. Die Leistung sei vielmehr als eine Aufenthaltsbeschränkung mit Verpflichtung bei Bedarf unverzüglich die Arbeit aufzunehmen[325] und somit als eine sonstige Leistung zu sehen.

Da Ruhezeiten somit keine Arbeitszeit i.S.d. § 611 BGB darstellen, werde hierbei nicht die Arbeitsleistung, sondern der Verlust der Freizeit vergütet.[326] Ein Anspruch auf Zahlung des Mindestlohnes sei von der tatsächlichen Arbeitsleistung i.S.d. § 611 Abs. 1 BGB abhängig. Dies ließe sich bereits aus der Fälligkeitsregelung des § 2 Abs. 1 Nr. 2 MiLoG ableiten, wonach die Zahlung im Folgemonat der erbrachten Arbeitsleistung zu erfolgen hat.[327] Das MiLoG nehme auf die Arbeitsleistung und nicht auf die sonstige Leistung Bezug. Somit könne sich ein eventuell bestehender Vergütungsanspruch des Arbeitnehmers auch bei fehlender (tarif-)vertraglicher Abrede nicht nach dem MiLoG, sondern nur nach § 612 Abs. 2 BGB ergeben.[328]

Bei der Betrachtung des aktuellen Meinungsstandes fällt auf, dass der Begriff der vergütungsrechtlichen/-pflichtigen Arbeitszeit nicht nur eine „gewisse Unschärfe“[329] innehat, sondern auch, dass er in der Literatur nicht einheitlich verwendet wird.[330] Dies ist insbesondere in den Fällen auffällig, in denen die vergütungsrechtliche Ansicht mit der Rechtsprechung des EuGH zum ArbZG begründet wird.[331]

Diese fehlende Unterscheidung findet sich auch in der einschlägigen Rechtsprechung des BAG aus dem Jahre 2011 wieder.[332] Als Arbeitsleistung i.S.d. § 611 Abs. 1 BGB wird hier nicht nur jede Tätigkeit, die als solche der Befriedigung eines fremden Bedürfnisses dient, angesehen, sondern auch die

---

324 Riechert/Nimmerjahn, MiLoG § 1 Rn. 69.

325 BAG, Urt. v. 20.01.2010 – 10 AZR 990/08 – NZA-RR 2010, 193 Rn. 18.

326 *Riechert/Nimmerjahn,* MiLoG § 1 Rn. 68 mit Bezug auf BAG, Urt. v. 12.03.2008 – 4 AZR 616/06, NJOZ 2008, 4189 Rn. 35.

327 Riechert/Nimmerjahn, MiLoG § 1 Rn. 68.

328 Riechert/Nimmerjahn, MiLoG § 1 Rn. 70.

329 BAG, Urt. v. 19.09.2012 – 5 AZR 678/11 – NZA-RR 2013, 63 Rn. 15.

330 So auch *Wank,* RdA 2015, 88.

331 So z.B. *Lambrich/Mitius,* DB 2015, 126 (128).

332 BAG, Urt. v. 20.04.2011 – 5 AZR 200/10 – BAGE 137, 366 = NZA 2011, 917.

vom Arbeitgeber veranlasste Untätigkeit, sofern der Arbeitnehmer nicht frei in der Wahl seines Aufenthaltsortes ist.[333]

Schon in dieser Entscheidung wurde zur Begründung auf die Kommentierung zum ArbZG verwiesen,[334] obwohl zuvor betont wurde, dass die Vergütungspflicht unabhängig von der arbeitszeitrechtlichen Einordnung zu betrachten ist.[335]

Diese scheinbare Abkehr von der Unterscheidung zwischen dem Arbeitszeitbegriff nach dem ArbZG und dem im vergütungsrechtlichen Sinn, wird in neuester Rechtsprechung, zu der nunmehr außer Kraft getretenen PflegeArbbV[336] ergangenen Entscheidung, bekräftigt.[337]

Auch nach der streitgegenständlichen Vorschrift berechnete sich der Mindestlohn „je Stunde", § 2 PflegeArbbV. Hieraus sei zu schließen, dass eine Anknüpfung an die vergütungspflichtige Arbeitszeit erfolgte, wonach es auf die Leistung der versprochenen Dienste ankäme, § 611 Abs. 1 BGB.[338] Auch der Bereitschaftsdienst sei vollständig als Leistung solcher Dienste anzusehen.[339] Eine unterschiedliche Bezahlung besonderer Formen der Arbeit, wie dem Bereitschaftsdienst, sei zwar möglich,[340] dies dürfe jedoch nicht gegen geltendes Recht verstoßen.[341] Mangels Unterscheidung hinsichtlich der Art oder der Intensität der Arbeitszeit in der Verordnung, könne

---

333 BAG, Urt. v. 20.04.2011 – 5 AZR 200/10 – BAGE 137, 366 = NZA 2011, 917 Rn. 21.

334 BAG, Urt. v. 20.04.2011 – 5 AZR 200/10 – BAGE 137, 366 = NZA 2011, 917 Rn. 21.

335 BAG, Urt. v. 20.04.2011 – 5 AZR 200/10 – BAGE 137, 366 = NZA 2011, 917 Rn. 20.

336 Verordnung über zwingende Arbeitsbedingungen für die Pflegebranche vom 15.07.2010, BAnz. S. 2571, folgend PflegeArbbV.

337 BAG, Urt. v. 19.11.2014 – 5 AZR 1101/12 – BB 2015, 510.

338 BAG, Urt. v. 19.11.2014 – 5 AZR 1101/12 – BB 2015, 510 Rn. 14.

339 BAG, Urt. v. 19.11.2014 – 5 AZR 1101/12 – BB 2015, 510 Rn. 16.

340 BAG, Urt. v. 20.04.2011 – 5 AZR 200/10 – BAGE 137, 366 = NZA 2011, 917 Rn. 32.

341 BAG, Urt. v. 19.11.2014 – 5 AZR 1101/12 – BB 2015, 510 Rn. 16 mit Verweis auf die Unwirksamkeit nach § 134 BGB.

somit auch keine Unterscheidung durch (Tarif-)Vertrag vorgenommen werden.

Diese Rechtsprechung muss auf Grund der Vergleichbarkeit und der Aktualität als Maßstab für die Begriffsbestimmung nach dem MiLoG gelten.[342] Auch hier wird auf die Zeitstunde als Berechnungsgröße verwiesen, sodass der vergütungsrechtliche Arbeitszeitbegriff Anwendung finden muss. Zudem wird im Rahmen der Berechnung des Mindestlohns nicht zwischen der Art oder der Intensität der Arbeitsleistung unterschieden, sodass grundsätzliche jede Leistung versprochener Dienste hierunter fallen muss.

Da nunmehr auch die Ruhezeiten des Bereitschaftsdienstes als solche Leistungen anzusehen sind, ist es unerheblich, dass das MiLoG nur auf die tatsächliche Arbeitsleistung abstellt.[343] Eine Lohnabrede darf somit auch für den Bereitschaftsdienst nicht zur Unterschreitung des Mindestlohns führen, § 3 MiLoG.[344]

Zeiten der Rufbereitschaft, in denen keine tatsächliche Arbeitsleistung erbracht wird, sind weiterhin nicht mit dem Mindestlohn zu vergüten. Hier ist der Arbeitnehmer frei darin seinen Aufenthaltsort zu bestimmen, sodass es sich sogar nach der arbeitsschutzrechtliche Ansicht nicht um Arbeitszeit handeln würde.[345]

Zusammenfassend bleibt festzustellen, dass der vergütungsrechtliche Arbeitszeitbegriff bei der Berechnung der Arbeitszeit anzuwenden ist. Hierbei kommt es jedoch nicht auf die Art oder Intensität der Arbeitszeit an, sodass auch Ruhezeiten im Bereitschaftsdienst als mit dem Mindestlohn zu vergütende Arbeitszeiten gelten.

---

[342] So auch *Boemke,* jurisPR-ArbR 7/2015 Anm. 2, unter D.; *Dombrowsky*, BB 2015, 510 (512.)

[343] **AA** *Riechert/Nimmerjahn,* MiLoG § 1 Rn. 68.

[344] *Boemke,* jurisPR-ArbR 7/2015 Anm. 2, unter D.; BeckOK ArbR/*Greiner,* MiLoG § 1 Rn. 73; Schubert/*Jerchel/Düwell,* Rn. 99.

[345] ErfK/*Franzen,* MiLoG § 1 Rn. 4.

2 Durchschnittsbetrachtung

Nach der Feststellung der maßgeblichen Arbeitszeit stellt sich die Frage, ob jede Arbeitsstunde mit dem Mindestlohn vergütet werden muss, oder ob es genügt, wenn die Mindestlohngrenze im Durchschnitt erreicht wird.[346]

Es ist nicht ausdrücklich geregelt, ob eine solche Durchschnittsbetrachtung nach dem MiLoG möglich ist.[347] Im Gegenteil spricht der Wortlaut des § 1 MiLoG, wonach der Mindestlohn „je Zeitstunde" zu zahlen ist, gerade gegen ein solches Verständnis der Norm.[348]

Ließe man eine Durchschnittsbetrachtung jedoch nicht zu, wären variable Vergütungssysteme in der Praxis nicht mehr umsetzbar.[349] Eine Folge, die ausweislich der Gesetzesbegründung nicht in der Intention des Gesetzgebers liegt[350] und ist somit zu vermeiden ist.

Vielmehr deutet der Sinn und Zweck des MiLoG auf die Rechtsmäßigkeit einer Durchschnittsbetrachtung hin.[351]

So soll der Arbeitnehmer mittels des Mindestlohns in der Art vor unangemessen niedrigen Löhnen geschützt werden, dass er bei durchschnittlicher Wochenarbeitszeit ein Monatseinkommen oberhalb der Pfändungsfreigrenze nach § 850c Abs. 1 S. 1 ZPO erzielen kann.[352] Dieses Ziel wird mit vorbenannter Verfahrensweise ebenso erreicht.[353] Außerdem spricht schon die gesetzgeberische Bezugnahme auf das Monatseinkommen[354] für die Rechtmäßigkeit einer Durchschnittsbetrachtung.

---

[346] *Kocher,* AuR 2015, 173 (175); *Lembke,* NZA 2015, 70 (73 f.); *Nebel/Kloster,* BB 2014, 2933 (2936 f.); *Schweibert/Leßmann,* DB 2014, 1866 (1868); *Sittard,* NZA 2014, 951; *ders.*, RdA 2015, 99 f.

[347] *Nebel/Kloster,* BB 2014, 2933 (2936); *Schweibert/Leßmann,* DB 2014, 1866 (1868); *Sittard,* NZA 2014, 951.

[348] *Bayreuther,* NZA 865 (867); *Schweibert/Leßmann,* DB 2014, 1866 (1868).

[349] *Kocher,* AuR 2015, 173 (175); *Bayreuther,* NZA 865 (867); *Schweibert/Leßmann,* DB 2014, 1866 (1868).

[350] BT-Drs. 18/1558, 34.

[351] *Kocher,* AuR 2015, 173 (175); *Schweibert/Leßmann,* DB 2014, 1866 (1868).

[352] BT-Drs. 18/1558, 28.

[353] *Schweibert/Leßmann,* DB 2014, 1866 (1868).

[354] BT-Drs. 18/1558, 28.

Dies kann jedoch nur legitim sein, wenn der Abrechnungszeitraum nicht unangemessen lang ist. Hier ist als Anhaltspunkt die Fälligkeitsregelung des § 2 MiLoG heranzuziehen.[355]

Einer Meinung nach könne man aus der vorbenannten Norm schließen, dass ein Abrechnungszeitraum von bis zu zwei Monaten statthaft ist.[356]

Hierfür spreche, dass in § 2 Abs. 1 Nr. 2 MiLoG auf den Folgemonat der erbrachten Arbeitsleistung abgestellt wird. Dies sei der späteste Zeitpunkt, an welchem dem Arbeitnehmer der Mindestlohn tatsächlich zufließen müsse und somit auch der zwingende Bezugszeitraum.[357]

Der Gegenmeinung nach spreche die Systematik des jedoch § 2 Abs. 1 MiLoG dafür, dass der Monatsdurchschnitt als maximaler Bezugspunkt dienen muss.[358]

Letzterer Meinung ist zuzustimmen. Richtigerweise ist nicht entscheidend, dass der Mindestlohn am letzten Bankarbeitstag des Folgemonats zu zahlen ist, sondern dass die Arbeitsleistung des Monats „in dem die Arbeit erbracht wurde" vergütet werden muss.[359] Hierbei wird eindeutig auf den Kalendermonat abgestellt, welcher somit den maximalen Bezugszeitraum darstellt.[360]

Demnach bleibt festzuhalten, dass für die Berechnung des Mindestlohns auch eine Durchschnittsbetrachtung statthaft ist. Der stundenbezogene Mindestlohn gilt sodann als Geldfaktor, welcher mit den Arbeitsstunden des jeweiligen Bezugszeitraums multipliziert werden muss.[361] Bei der Betrachtung darf jedoch maximal ein Zeitraum von einen Monat herangezogen werden.

---

[355] *Bayreuther,* NZA 865 (867); *Lembke,* NZA 2015, 70 (73 f.);

[356] ErfK/*Franzen,* MiLoG § 1 Rn. 8, 10; *Lembke*, NZA 2015, 70 (74).

[357] *Lembke*, NZA 2015, 70 (74).

[358] *Bayreuther,* NZA 865 (867); *Kocher,* AuR 2015, 173 (175); *Schweibert/Leßmann,* DB 2014, 1866 (1868); *Sittard,* NZA 2014, 951; *ders.*, RdA 2015, 99 f.

[359] *Kocher,* AuR 2015, 173 (175).

[360] *Kocher,* AuR 2015, 173 (175); ähnlich *Bayreuther,* NZA 865 (867); iE auch *Schweibert/Leßmann,* DB 2014, 1866 (1868); *Sittard,* NZA 2014, 951; *ders.*, RdA 2015, 99 f.

[361] BeckOK ArbR/*Greiner,* MiLoG § 1 Rn. 49.

3 Erfolgsabhängige Vergütung

Wie schon angedeutet, soll es ausweislich der Gesetzesbegründung auch weiterhin möglich sein, eine erfolgsabhängige Vergütung wie Stück- oder Akkordlohn zu vereinbaren.[362] Hierbei muss jedoch gewährleistet sein, dass der Mindestlohn je Arbeitsstunde erreicht wird.

Im Fall eines vereinbarten Stücklohns soll es einer Ansicht nach genügen, wenn die Leistung so bemessen wird, dass bei Normalleistung des Arbeitnehmers der Mindestlohn erreicht wird.[363] Bei der Berechnung der Normalleistung komme es unter Beachtung der allgemeinen Grundsätze auf das individuelle Leistungsvermögen des Arbeitnehmers an.[364] Pauschaliert ließe sich die Normalleistung in der Art berechnen, dass z. B. bei Zeitungszustellern die durchschnittliche Entfernung zwischen zwei Empfängern mit der Zeit addiert wird, die zur Auslieferung nötig ist. Hieraus müsse dann ein Durchschnittswert für die ausgetragenen Zeitungen je Stunde errechnet werden, welcher im Ergebnis die Normalleistung darstelle.[365]

Die Gegenansicht bemängelt bei dieser Vorgehensweise zu Recht, dass hierdurch eine gesetzeswidrige Umgehung der Mindestlohnpflicht zu befürchten ist.[366] Eine Umrechnung der erfolgsbezogenen Vergütungsbestandteile kann nur so erfolgen, sodass die tatsächlich geleitsteten Arbeitsstunden abgegolten werden.[367] Die vorgeschlagene pauschale Berechnung der Normalleistung nimmt nicht ausreichend Bezug auf die persönliche Leistungsfähigkeit des Arbeitnehmers. Zwar wird in der Rechtsprechung[368] die Leistungspflicht des Arbeitnehmers im Ergebnis objektiviert betrachtet,[369] jedoch

---

362 BT-Drs. 18/1558, 34.

363 ErfK/*Franzen,* MiLoG § 1 Rn. 9; *Schubert/Jerchel/Düwell,* Rn. 129 ff.

364 ErfK/*Franzen,* MiLoG § 1 Rn. 9.

365 Schubert/Jerchel/Düwell, Rn. 129 ff.

366 BeckOK ArbR/*Greiner,* MiLoG § 1 Rn. 59 f.; *Riechert/Nimmerjahn,* MiLoG § 1 Rn. 169.

367 BeckOK ArbR/*Greiner,* MiLoG § 1 Rn. 56.

368 BAG, Urteil vom 11. 12. 2003 – 2 AZR 667/02 – BAGE 109, 87 = NZA 2004, 784 (786), unter B.I.2.b) f.

369 *Kocher,* AuR 2015, 173 (174).

steht dem Arbeitgeber als Rechtsfolge bei Unterschreitung der Normalleistung das Recht zur Abmahnung oder Kündigung zu. Ein wie aus der vorgeschlagenen Vorgehensweise resultierendes Minderungsrecht steht dem Arbeitgeber im Fall eines Zeitlohnes wie dem Mindestlohn[370] nicht zu.[371]

Es muss somit gewährleistet sein, dass auch bei unterdurchschnittlicher Leistungsfähigkeit der Mindestlohn ausgezahlt wird.[372] Liegt der errechnete Stundenlohn auf Grund einer zu geringen Stückzahl unter dem Mindestlohn, so entsteht eine zusätzliche Zahlungsverpflichtung aus § 20 MiLoG sowie ein Anspruch des Arbeitnehmers aus § 1 Abs. 1 MiLoG.[373]

Im Ergebnis kommt es also auch im Falle einer erfolgsbezogenen Vergütung auf die Zahlung des Mindestlohns je Zeitstunde an, § 1 Abs. 2 S. 1 MiLoG. Bei einer Leistung unterhalb der Normalleistung kann der Arbeitgeber zwar zukünftig keine Lohnkürzung mehr vornehmen (§ 3 MiLoG), jedoch steht zu befürchten, dass in diesem Fall die Kündigung des Arbeitnehmers droht.[374]

IV Mindestlohn für Nichtarbeit

Die Arbeitsleistung eines Arbeitnehmers stellt grundsätzlich eine Fixschuld dar.[375] Im Falle der Nichtarbeit wird er daher auf Grund von Unmöglichkeit von seiner Leistungspflicht frei, § 275 Abs. 1 BGB. Mit Untergang der Leistungspflicht, entfällt jedoch grundsätzlich auch der Anspruch auf Gegenleistung, im Arbeitsverhältnis somit der Vergütungsanspruch, § 326 Abs. 1 BGB.

Dieser Grundsatz findet im Arbeitsrecht zahlreiche Ausnahmen. Insbesondere kann der Vergütungsanspruch bei Nichtleistung auf Grund von Urlaub (§ 1 BUrlG), Feiertagen bzw. Krankheit (§§ 2, 3 EFZG) oder Annahmeverzug des Arbeitgebers (§ 611 BGB i.V.m. § 615 S. 1 BGB) weiter bestehen.

---

370 ErfK/*Franzen,* MiLoG § 1 Rn. 5; BeckOK ArbR/*Greiner,* MiLoG § 1 Rn. 24.

371 ErfK/*Preis*, BGB § 611 Rn. 390.

372 BeckOK ArbR/*Greiner,* MiLoG § 1 Rn. 60.

373 *Preis/Ulber*, Die Verfassungsmäßigkeit des MiLoG, 9 f.

374 *Schweibert/Leßmann,* DB 2014, 1866 (1868).

375 ErfK/*Preis,* BGB § 611 Rn. 675 ff. mwN.

Fraglich ist jedoch, ob und inwieweit der Mindestlohnanspruch im Rahmen der Entgeltfortzahlung wirkt.[376]

Wie bereits unter C.III.1. dargestellt, ergibt sich sowohl aus der Gesetzesbegründung,[377] als auch aus dem Wortlaut des § 2 Abs. 1 S. 1 Nr. 2 MiLoG eine Anknüpfung an die erbrachte Arbeitsleistung.[378] Hiernach würde kein Anspruch auf Mindestlohn, sondern auf Entgeltfortzahlung bestehen. Die weiteren Vorschriften über Fälligkeit (§ 2 MiLoG) und eventueller Bußgelder (§ 21 MiLoG) fänden somit keine unmittelbare Anwendung.[379]

Es wird trotzdem teilweise vertreten, dass der Mindestlohnanspruch originär weiterbesteht, wenn der Grund der Nichtarbeit dem Arbeitgeber zugerechnet werden kann.[380] Der Gesetzeswortlaut sei hinsichtlich der Entgeltfortzahlungsansprüche nicht eindeutig. Auch eine unmittelbare Anwendung der Vorschriften des MiLoG sei somit nicht ausgeschlossen.

Dieses Ergebnis sei auch geboten, wenn man den Zweck des Mindestlohns dem des jeweiligen Fortzahlungsanspruches gegenüberstelle. So treffe den Arbeitnehmer z.B. im Falle des Annahmeverzugsanspruchs nach § 615 BGB sowie beim Anspruch auf Urlaubsentgelt nach § 1 BurlG keinerlei Verschulden am Wegfall der Arbeitsleistung. Es sei demnach angemessen, dem Arbeitnehmer auch in diesen Fällen den Mindestlohnanspruch inkl. der Fälligkeits- und Bußgeldnormen zuzusprechen.[381]

Anders verhalte es sich hingegen im Fall der Entgeltfortzahlung im Krankheitsfall, § 3 EFZG.[382] Da hier der Arbeitsausfall in der Risikosphäre des Arbeitnehmers zu finden sei und der Fortzahlungsanspruch nicht den Schutz

---

376 Vgl. *Düwell*, Ausschuss-Drs. 18(11)148, 73

377 BT-Drs. 18/1558, 34.

378 BeckOK ArbR/Greiner, MiLoG § 1 Rn. 74; Greiner/Strippelmann, BB 2015, 949; Oltmanns/Fuhlrott, NZA 2015, 392 (395); Riechert/Nimmerjahn, MiLoG § 1 Rn. 33.

379 BeckOK ArbR/*Greiner,* MiLoG § 1 Rn. 78; *Greiner/Strippelmann,* BB 2015, 949; *Riechert/Nimmerjahn,* MiLoG § 1 Rn. 34.

380 ErfK/*Franzen*, MiLoG § 1 Rn. 18 ff.

381 ErfK/*Franzen*, MiLoG § 1 Rn. 19; wohl auch *Viethen,* NZA-Beilage 2014, 143.

382 ErfK/*Franzen*, MiLoG § 1 Rn. 20.

des Arbeitnehmers, sondern primär die Entlastung der Sozialversicherungssysteme zum Zwecke habe,[383] sei es nicht erforderlich, eine zusätzliche Absicherung in Form des MiLoG zu schaffen.[384]

Dem wird entgegengehalten, dass neben den grammatikalischen und historischen Argumenten (s.o.) insbesondere die Gegenüberstellung der jeweiligen Regelungszwecke zu einem anderen Ergebnis führt.[385] Neben der Entlastung der Sozialversicherungsträger durch Aufstocker[386] und der Schaffung einer Existenzgrundlage der Arbeitnehmer,[387] sei der Schutz vor unangemessen niedrigen Löhnen (Austauschgerechtigkeit) die Hauptfunktion des Mindestlohns.[388] Demgegenüber sei das hauptsächliche Regelungsziel der Entgeltfortzahlungsansprüche die Lebensgrundlage[389] des Arbeitnehmers auch in Zeiten der Nichtarbeit zu erhalten.[390] Mit dem vorbenannten Ziel der Austauschgerechtigkeit[391] des Mindestlohns habe die Entgeltfortzahlung hingegen keine Schnittpunkte. In der Durchbrechung des Grundsatzes nach § 326 Abs. 1 BGB liefe die Entgeltfortzahlung diesem Ziel sogar entgegen.[392]

Da die Regelungsziele des Mindestlohns und der Entgeltfortzahlungsansprüche einander nicht entsprechen, sondern konträr gegenüberstehen, sei es geboten, die Regelungssysteme getrennt voneinander anzuwenden.[393]

---

[383] BAG, Urt. v. 18.04.2012 – 10 AZR 200/11 – BAGE 141, 129 = NZA 2012, 1152 Rn. 20.

[384] ErfK/*Franzen*, MiLoG § 1 Rn. 20.

[385] Greiner/Strippelmann, BB 2015, 949 f.

[386] Vgl. BT-Drs. 18/1558, 28 und 63 mit Verweis auf BVerfG, Beschl. v. 20.03.2007 – 1 BvR 1047/05 – NZA 2007, 609 Rn. 36.

[387] BT-Drs. 18/1558, 28.

[388] Greiner/Strippelmann, BB 2015, 950.

[389] ErfK/*Reinhard*, EFZG § 3 Rn. 1 und für das Urlaubsentgelt BAG, Urt. v. 12.01.1989 – 8 AZR 404/87 – BAGE 61, 1 – NZA 1989, 758.

[390] Greiner/Strippelmann, BB 2015, 950.

[391] *Picker,* RdA 2014, 25 (26 ff. insb. 36).

[392] Greiner/Strippelmann, BB 2015, 950.

[393] *Greiner/Strippelmann,* BB 2015, 950; ähnlich *Oltmanns/Fuhlrott*, NZA 2015, 392 (394 f.).

Letzterer Ansicht ist zu folgen. Wie dargestellt, sprechen sowohl der Wortlaut als auch die Gesetzeshistorie und der Gesetzeszweck des MiLoG dafür, dass die Regelungen zum Mindestlohn nicht auf die Entgeltfortzahlung anzuwenden sind. Ansonsten käme es auch zu dem absurden Ergebnis, dass ein Arbeitgeber nach Unterliegen in der dritten Instanz eines Kündigungsschutzprozesses, nicht nur Annahmeverzugsentgelt zahlen müsste, sondern zusätzlich eine Geldbuße von bis zu 500.000 € nach § 21 Abs. 1 Nr. 9 MiLoG drohen würde.[394] Die hierfür notwendige Fahrlässigkeit ist in einem solchen Fall zumindest nicht ausgeschlossen, da der negative Ausgang eines Kündigungsschutzprozesses wohl immer für möglich gehalten werden muss.[395]

Bestätigt wurde diese Ansicht durch die aktuelle Rechtsprechung des BAG.[396] In dieser wurde ein Anspruch auf eines, durch Rechtsverordnung festgesetzten, Mindestlohns für Zeiten der Nichtarbeit eingeklagt. Auch in der besagten Verordnung wurde auf die tatsächlich geleistete Arbeitszeit abgestellt, ohne dass Regelungen zur Entgeltfortzahlung enthalten waren. Somit war der Arbeitgeber der Meinung, mangels zwingender Regelungen schulde er für die Zeiten der Nichtarbeit nicht den Mindestlohn und könne diesen vertraglich unterschreiten.[397]

Richtigerweise überzeugte diese Argumentation jedoch nicht. Es wurde festgestellt, dass sich der Anspruch auf Vergütung in den Zeiten der Nichtarbeit nicht aus der Mindestlohnverordnung,[398] sondern aus den jeweiligen Anspruchsgrundlagen zur Entgeltfortzahlung ergibt.[399]

---

[394] Greiner/Strippelmann, BB 2015, 950 (952).

[395] Greiner/Strippelmann, BB 2015, 950 (952).

[396] BAG, Urt. v. 19.11.2014 – 5 AZR 1101/12 – BB 2015, 510 Rn. 15; bestätigt durch BAG, Urt. v. 13.05.2015 – 10 AZR 191/14 – BeckRS 2015, 70071; BAG, Urt. v. 13.05.2015 – 10 AZR 495/14 – BeckRS 2015, 70072. **aA** LAG Köln, Urt. v. 16.01.2015 – 9 Sa 642/14 – BeckRS 2015, 67360.

[397] BAG, Urt. v. 13.05.2015 – 10 AZR 191/14 – BeckRS 2015, 70071.

[398] BAG, Urt. v. 13.05.2015 – 10 AZR 191/14 – BeckRS 2015, 70071 Rn. 15; BAG, Urt. v. 13.05.2015 – 10 AZR 495/14 – BeckRS 2015, 70072 Rn. 15.

[399] BAG, Urt. v. 13.05.2015 – 10 AZR 191/14 – BeckRS 2015, 70071 Rn. 20 ff.; BAG, Urt. v. 13.05.2015 – 10 AZR 495/14 – BeckRS 2015, 70072 Rn. 27 ff.

Es kann davon ausgegangen werden, dass diese Entscheidung auf Grund der Vergleichbarkeit der gegenständlichen Regelungen und der zeitlichen Nähe auch für das MiLoG maßgeblich sein wird.[400]

Weiterhin korrespondiert die Frage der Relevanz des Mindestlohns für die Zeiten der Nichtarbeit, mit der rechtlichen Bewertung der Anspruchsgrundlage.[401]

Einer Meinung nach ergibt sich diese aus §§ 1 Abs. 1, 20 MiLoG.[402] Diese Herangehensweise überzeugt im Ergebnis nicht. Es fehlt nicht nur gänzlich an einer Begründung für diese Ansicht, auch wird hierbei die Unterteilung des MiLoG in zivilrechtlichen und öffentlich-rechtlichen Teil außer Acht gelassen.[403]

Würde man dieser Ansicht folgen, käme man zum Ergebnis, dass ein unter deutschem Vertragsstatut beschäftigter Arbeitnehmer bei einer Beschäftigung im Ausland keinen Anspruch auf Vergütung in Höhe des Mindestlohns geltend machen könnte, § 20 MiLoG.[404] Hierbei ist zu beachten, dass auch ein kurzzeitig im Ausland tätiger Arbeitnehmer dem deutschen Sozialversicherungssystem unterworfen und mit deutschen Lebenshaltungskosten belastet sein kann. Dieses Ergebnis steht somit nicht im Einklang mit dem Sinn und Zweck[405] des MiLoG, wonach das Sozialversicherungssystem entlastet werden soll, und ist daher abzulehnen.

Einer weiteren Ansicht ist der Anspruch auf den Mindestlohn in § 611 Abs. 1 BGB zu verorten.[406] Der Anspruch könne sich gem. dieser Meinung nicht aus § 1 Abs. 1 MiLoG ergeben, da dann die Frage zu stellen sei, ob es sich um eine Anspruchs- oder Anspruchsnormenkonkurrenz handle. Außer-

---

400 So auch schon für die Vorinstanz *Boemke,* jurisPR-ArbR 24/2015 Anm. 3 unter D.

401 HaKo-MiLoG/*Schubert*, § 20 Rn. 3.

402 So wohl ErfK/*Franzen,* MiLoG § 1 Rn. 2 und § 20, Rn 1.

403 HaKo-MiLoG/*Schubert*, § 20 Rn. 5.

404 HaKo-MiLoG/*Düwell*, § 1 Rn. 11 ff.; HaKo-MiLoG/*Schubert*, § 20 Rn. 5 ff.

405 Vgl. oben unter B.II.3.

406 HaKo-MiLoG/*Düwell*, § 1 Rn. 11 ff.; abweichend HaKo-MiLoG/*Schubert*, § 20 Rn. 8 ff.; *Waltermann,* AuR 2015, 166 ff.

dem sei bei einem Anspruch direkt aus dem MiLoG die Wirkung der Entgeltfortzahlungsansprüche nicht geklärt, da sich diese explizit auf den vertraglichen Vergütungsanspruch beziehen würden.[407] Zwar stelle § 1 Abs. 1 MiLoG eine Anspruchsgrundlage i.S.d. Legaldefinition des § 194 Abs. 1 BGB dar, jedoch sei als Rechtsfolge nicht die Zahlung des Arbeitsentgeltes geschuldet. Vielmehr habe ein Arbeitnehmer hieraus einen Anspruch auf Bemessung des arbeitsvertraglichen Entgelts mindestens in Höhe des Mindestlohns.[408]

Auch diese Ansicht überzeugt nicht. Richtigerweise ist davon auszugehen, dass sich die Anspruchsgrundlage direkt aus dem § 1 Abs. 1 MiLoG ergibt.[409] Dafür sprechen der eindeutige Wortlaut, sowie der ausdrückliche Wille des Gesetzgebers,[410] welcher dort die Anspruchsgrundlage des Arbeitnehmers verortet.[411] Mit Etablierung des allgemeinen Mindestlohns will der Gesetzgeber sowohl das soziale Sicherungssystem,[412] als auch die Tarifautonomie[413] stärken, einen fairen Wettbewerb garantieren[414] und Altersarmut[415] bekämpfen.[416]

Hiergegen spricht auch nicht die scheinbar problematische Klassifizierung als Anspruchs- oder Anspruchsnormenkonkurrenz. Im Fall einer Anspruchskonkurrenz bestehen mehrere voneinander unabhängige Anspruchsgrundlagen für dasselbe tatsächliche Begehren.[417] Die Theorie der Anspruchsnormenkonkurrenz wurde vor allem entwickelt, um prozessuale

---

407 *Waltermann,* AuR 2015, 166 ff.

408 HaKo-MiLoG/*Düwell*, § 1 Rn. 14.

409 *Bayreuther,* NZA 2015, 385 (386); *Lakies,* ArbR 2014, 343; *ders.*, AuR 360; *ders.,* MiLoG § 1 Rn. 1; *Lembke,* NZA 2015, 70 (71); *Riechert/Nimmerjahn,* MiLoG § 1 Rn. 1; *Sagan/Witschen*, jM 372 (373 f.).

410 BT-Drs. 18/1558, 34.

411 HaKo-MiLoG/*Schubert*, § 20 Rn. 8.

412 Vgl. BT-Drs. 18/1558, 28 und 63 mit Verweis auf BVerfG, Beschl. v. 20.03.2007 – 1 BvR 1047/05 – NZA 2007, 609 Rn. 36.

413 Vgl. Schubert/Jerchel/Düwell, Rn. 7.

414 BT-Drs. 18/1558, 2 und 28.

415 Schubert/Jerchel/Düwell, Rn. 7.

416 HaKo-MiLoG/*Schubert*, Einl., Rn. 46.

417 Vgl. *Medicus/Lorenz,* SchuldR I, Rn. 406 f.

Probleme sowie die teilweise gegenseitige Beeinflussung konkurrierender Ansprüche besser erklären zu können.[418] Im Verhältnis zwischen dem Anspruch aus dem MiLoG und vertraglichem Anspruch ist jedoch keines dieser Probleme ersichtlich oder benannt. Weiterhin ist nicht einleuchtend, inwiefern das Klassifizierungsproblem dafür sprechen soll, dass sich der Anspruch nur aus dem Vertrag ergibt. Es erschließt sich nicht, inwieweit ein klärungsbedürftiges Problem dafür spricht, einen Anspruch auszuschließen. Die Argumentation dieser Ansicht überzeugt somit nicht.

Zumindest in Höhe des Mindestlohnsockels besteht demnach Anspruchskonkurrenz gegenüber dem Vergütungsanspruch aus dem Arbeitsvertrag i.V.m. § 611 Abs. 1 HS. 2 BGB.[419] Dies lässt sich zusätzlich aus dem Wortlaut des § 2 Abs. 2 S. 1 MiLoG entnehmen, wonach der Anspruch durch Zahlung des verstetigten Entgelts erfüllt werden kann.[420] Die Formulierung dieser Norm spricht dafür, dass der Anspruch auf den Mindestlohn neben dem vertraglichen Entgeltanspruch tritt. Bei Wegfall der Arbeitsleistung entfällt demnach auch der Anspruch auf Zahlung des Mindestlohns nach dem MiLoG. Es verbleibt somit bei den Ansprüchen aus dem (aufrechterhaltenden) arbeitsvertraglichen Anspruch.

Auch wenn das MiLoG nicht unmittelbar auf die Vorschriften zur Entgeltfortzahlung Anwendung findet, so können sich die Auswirkungen zumindest mittelbar ergeben.[421] Fraglich ist, inwieweit durch Vereinbarung auf diese mittelbaren Ansprüche Einfluss genommen und der Mindestlohn somit unterschritten werden kann.

1 Mindestlohn an Feiertagen

Fällt die Arbeitszeit infolge eines gesetzlichen Feiertags aus, so hat der Arbeitnehmer gem. § 2 Abs. 1 EFZG einen Anspruch auf das Arbeitsentgelt,

---

[418] Vgl. MüKoBGB/*Bachmann*, BGB § 241 Rn. 40 mwN.

[419] *Bayreuther*, NZA 2015, 385 (386); BeckOK ArbR/*Greiner*, MiLoG § 1 Rn. 23.1; *Riechert/Nimmerjahn*, MiLoG § 1 Rn. 2; vgl. auch *Ulber*, RdA 2014, 176.

[420] *Sagan/Witschen*, jM 2014, 372 (374).

[421] *Bayreuther*, NZA 2015, 385 (391 f.); *Lakies*, MiLoG § 1 Rn. 81 ff.; *Viethen*, NZA-Beilage 2014, 143 (145).

dass er ohne Arbeitsausfall erhalten hätte. Es gilt somit das Entgeltausfallprinzip.[422] Als Zeitfaktor ist hierbei die individuelle Arbeitszeit des Arbeitnehmers anzusetzen.[423]

Für den Geldfaktor ist entscheidend, dass nicht die vereinbarte Vergütung, sondern diejenige, auf die der Arbeitnehmer einen Anspruch hat, anzusetzen ist. Auch bei einer mindestlohnunterschreitenden Abrede hätte der Arbeitnehmer ohne Arbeitsausfall wenigstens ein Entgelt i.H.d. Mindestlohns für jede geleistete Arbeitsstunde verlangen können. Von dieser Bestimmungsart des Geldfaktors kann auch nicht durch (Tarif-)Vertrag abgewichen werden, § 12 EFZG.

Demnach ist der Mindestlohn mindestens als Entgeltfaktor anzusetzen, sodass ein Arbeitnehmer bei feiertagsbedingter Abwesenheit mindestens einen Anspruch auf Fortzahlung i.H.d. Mindestlohns hat.[424]

2 Mindestlohn im Krankheitsfall

Ähnlich bestimmt sich die Entgeltfortzahlung im Fall der fehlenden Arbeitsleistung auf Grund von krankheitsbedingter Arbeitsunfähigkeit.

Nach § 3 Abs. 1 S. 1 EFZG hat ein Arbeitnehmer bei unverschuldeter Arbeitsunfähigkeit für die Dauer von sechs Wochen einen Anspruch auf Entgeltfortzahlung. Die Höhe der Lohnfortzahlung bestimmt sich nach dem Entgelt, das er bei regelmäßiger Arbeitszeit ohne Arbeitsausfall verdient hätte, also grundsätzlich die volle Vergütung, § 4 Abs. 1 EFZG.[425] Die Arbeitsvergütung ohne Arbeitsausfall hätte mindestens in Höhe des Mindestlohns bestanden, sodass auch die Entgeltfortzahlung nicht unterhalb dessen erfolgen kann.[426]

---

[422] St. Rspr. BAG, Urt. v. 19.04.1989 – 5 AZR 248/88 – NZA 1989, 715; bestätigt BAG, Urt. v. 27.03.2014 – 6 AZR 621/12 – NZA-RR 2014, 500 Rn. 31.

[423] BeckOK ArbR/*Ricken,* EFZG § 2 Rn. 26.

[424] LAG B, Urt. v. 07.03.2014 – 3 Sa 1728/13 – BeckRS 2014, 70651, unter B.I.2.b)bb) ff.; vgl. auch BAG, Urteil vom 13.05.2015 – 10 AZR 191/14 – BeckRS 2015, 70071 Rn. 20 ff.

[425] BAG, Urt. v. 01.09.2010 – 5 AZR 557/09 – NZA 2010, 1360 Rn. 11.

[426] *Riechert/Nimmerjahn,* MiLoG § 1 Rn. 36.

Fraglich ist, in welcher Höhe der Anspruch besteht, wenn (tarif-)vertraglich ein Entgelt unterhalb der Mindestlohnschwelle nach dem MiLoG vereinbart ist.

Grundsätzlich kann nicht zuungunsten des Arbeitnehmers von der vorbenannten Berechnung der Entgeltfortzahlung abgewichen werden, § 12 EFZG. Eine Ausnahme hierzu bildet jedoch der § 4 Abs. 4 S. 1 EFZG. Hiernach kann durch Tarifvertrag von der Bemessungsgrundlage des § 4 Abs. 1 EFZG abgewichen werden. Einer solchen Regelung können dann Arbeitgeber und Arbeitnehmer auch ohne Tarifbindung innerhalb des tariflichen Geltungsbereichs beitreten, § 4 Abs. 4 S. 2 EFZG. Bei Änderung der Bemessungsgrundlage ist sowohl eine Abweichung von der Berechnungsmethode, als auch von deren Grundlage möglich.[427]

So können z.B. anstelle des Entgeltausfallprinzips das Referenzprinzip angewandt,[428] anstatt auf die individuelle Arbeitszeit auf die regelmäßige tarifliche Arbeitszeit abgestellt[429] oder auch Zuschläge bei der Berechnungsgrundlage herausgenommen werden.[430]

Somit ist fraglich, ob durch die Herausnahme von Entgeltbestandteilen auch ein Geldfaktor unter dem Mindestlohn angesetzt werden kann.

Hierfür spreche einer Meinung nach bereits die Intention des Gesetzgebers,[431] denn ab der siebten Woche Arbeitsunfähigkeit werde ohnehin nur noch ein Entgelt in Höhe von 70 % des üblichen Bruttoentgeltes gezahlt, § 47 SGB V. Nach § 48 Abs. 1 S. 1 SGB V entfalle nach 78 Wochen unun-

---

427 St. Rspr., BAG, Urt. v. 26.08.1998 – 5 AZR 740/97 – BAGE 89, 330 = NZA 1999, 497 (499), unter III.3.BAG, Urt. v. 26.09.2001 – 5 AZR 539/00 – BAGE 99, 112 = NZA 2002, 387 (389), unter IV.3.a)aa) f.; BAG, Urt. v. 20.01.2010 – 5 AZR 53/09 – BAGE 133, 101 = NZA 2010, 455 Rn. 12.

428 BAG, Urt. v. 09.10.2002 – 5 AZR 356/01 – BAGE 103, 60 = NZA 2003, 978 (981).

429 BAG, Urt. v. 18.11.2009 – 5 AZR 975/08 – AP EntgeltFG § 4 Nr. 70 Rn. 16 mwN.

430 BAG, Urt. v. 13.03.2002 – 5 AZR 648/00 – NZA 2002, 744 (745 f.), unter III.2.b)ff. mwN.

431 Greiner/Strippelmann, BB 2015, 949 (951).

terbrochener Arbeitsunfähigkeit sogar gänzlich der Bezug zum Arbeitsentgelt, sodass es zu einer massiven Unterschreitung des Mindestlohns komme. Der Mindestlohnschwelle dürfe daher keine Bedeutung für die Zeiten der Entgeltfortzahlung zukommen.[432]

Hierbei wird jedoch verkannt, dass die Änderung der Bemessungsgrundlage nicht zur Herabsenkung der Entgeltfortzahlung im Krankheitsfall unter einer Grundvergütung von „100 %" führen darf.[433] Eine solche Vorgehensweise würde gegen den zwingenden Grundsatz des § 3 Abs. 1 S. 1 EFZG verstoßen. Durch die tarifliche Öffnungsklausel des § 4 Abs. 4 EFZG sollte dem Arbeitgeber lediglich die Möglichkeit gegeben werden, Zuschläge von der Entgeltfortzahlung auszuschließen. Dies ist insbesondere gerechtfertigt, wenn Zuschläge für ein zusätzliches Erschwernis gezahlt worden sind und dieses während der Nichtleistung wegfällt.[434]

Eine Unterschreitung des Mindestlohns ist daher nicht möglich, sofern dieser eine Grundvergütung i.S.d. § 3 Abs. 1 S. 1 EFZG darstellt.

Hierfür sprechen zunächst Sinn und Zweck des gesetzlichen Mindestlohns. Durch diesen soll nicht etwa der Ausgleich etwaiger Erschwernisse, sondern eine unterste Vergütungsgrenze geschaffen werden.[435] Dieser Eindruck wird auch systematisch durch die Unabdingbarkeit gem. § 1 Abs. 2 MiLoG unterstützt. Wenn der Gesetzgeber den Mindestlohn bei direkter Anwendung nicht an besondere Erschwernisse oder Leistungen, sondern nur an die zu leistende Arbeit je Stunde knüpft, spricht dies für eine Qualifizierung als Grundvergütung i.S.d. EFZG.[436] Sollte ein Arbeitsvertrag die Höhe des Entgeltes an eine solche Leistung knüpfen, ohne dass garantiert ist, dass der Mindestlohn vergütet wird, ist diese Regelung unwirksam, § 3 S. 1 MiLoG.

---

432 So ausdrücklich *Greiner/Strippelmann,* BB 2015, 949 (951).

433 BAG, Urt. v. 13.03.2002 – 5 AZR 648/00 – NZA 2002, 744 (745 f.), unter III.2.c) f.; BAG, Urt. v. 24.03.2004 – 5 AZR 346/03 – BAGE 110, 90 = NZA 2004, 1042 (1044), unter II.3.b)aa); BAG, Urt. v. 18.11.2009 – 5 AZR 975/08 – AP EntgeltFG § 4 Nr. 70 Rn. 16.

434 BAG, Urt. v. 13.03.2002 – 5 AZR 648/00 – NZA 2002, 744 (745 f.), unter III.2.c).

435 BT-Drs. 18/1558, 28.

436 Ähnlich *Kocher,* AuR 2015, 173 (176).

Aus der eindeutigen Intention des Gesetzgebers, den Mindestlohn als absolute Untergrenze zu definieren, ist zu schließen, dass dieser auch als Grundvergütung i.S.d § 3 Abs. 1 S. 1 EFZG zu qualifizieren ist. Dieser kann auch nicht durch Tarifvertrag unterschritten werden, § 12 EFZG.[437]

Eine tarifvertragliche Regelung i.S.d. § 4 Abs. 4 EFZG darf somit weder durch Änderung des Geldfaktors, noch durch Anpassung des Zeitfaktors[438] zur Unterschreitung des Mindestlohns in der regelmäßigen Arbeitszeit des Arbeitnehmers führen.[439]

Ein Arbeitnehmer hat somit auch bei der Entgeltfortzahlung im Krankheitsfall mindestens einen Anspruch auf Vergütung i.H.d. Mindestlohns.

3 Annahmeverzug

Auch im Falle des Annahmeverzugs des Arbeitgebers hat der Arbeitnehmer einen Anspruch auf Zahlung der vereinbarten Vergütung ohne zur Nachleistung verpflichtet zu sein, § 615 S. 1 BGB. Hierbei gilt wie schon unter C.IV.1. und 2. das Entgeltausfallprinzip, wobei der ursprüngliche Vergütungsanspruch aufrechterhalten wird.[440]

Zu beachten ist, dass sich die Höhe des Annahmeverzugslohns entsprechend des Wortlautes auf die vereinbarte Vergütung bezieht. Man könnte somit davon ausgehen, dass ein mindestlohnunterschreitender Annahmeverzugslohn geschuldet ist, wenn ein niedrigerer Lohn vereinbart war. Hierbei würde jedoch verkannt werden, dass eine vertragliche Vereinbarung unterhalb des Mindestlohns schon gem. § 3 S. 1 MiLoG unwirksam ist. An ihre

---

[437] Ähnlich *Kocher,* AuR 2015, 173 (176); nur im Ergebnis *Waltermann,* AuR 2015, 166 (170).

[438] BAG, Urt. v. 24.03.2004 – 5 AZR 346/03 – BAGE 110, 90 = NZA 2004, 1042 (1044), unter 3.b) ff.

[439] So im Ergebnis, ErfK/*Franzen,* MiLoG § 1 Rn. 18; *Viethen,* NZA-Beilage 2014, 143 (145).

[440] BAG, Urt. v. 15.09. 2011 – 8 AZR 846/09 – NZA 2012, 377 Rn. 37.

Stelle tritt die übliche Vergütung, mindestens jedoch ein Entgelt in Höhe des Mindestlohns.[441]

Es gilt insofern, dass der Arbeitnehmer in der Höhe zu vergüten ist, in der er ohne Arbeitsausfall einen Anspruch gehabt hätte. Der vertragliche Anspruch besteht daher mindestens in Höhe des Mindestlohns.

Zu zahlen sind hierbei sämtliche Leistungen mit Entgeltcharakter.[442] Da schon nach dem originären Entgeltanspruch mindestens der Mindestlohn zu zahlen ist, bemisst sich auch die Höhe des Annahmeverzugslohns mittelbar nach dem MiLoG.[443]

Fraglich ist, ob durch Vereinbarung von diesem Grundsatz abgewichen werden kann.

Aus dem Umkehrschluss aus § 619 BGB ergibt sich, dass § 615 BGB abdingbar ist.[444] Auch dies gilt jedoch nicht unbegrenzt.

Um den Annahmeverzugslohn wirksam abzubedingen, muss die Regelung klar und eindeutig formuliert werden.[445] Weiterhin ist diese Regelung im Fall formularmäßiger Vereinbarung der Inhaltskontrolle gem. §§ 305 ff. BGB unterworfen.[446] Hiernach sind insbesondere solche Klauseln unwirksam, durch die das Betriebsrisiko entgegen § 615 S. 3 BGB vollständig vom

---

441 *Bayreuther,* NZA 2014, 865, 866; *Lakies,* MiLoG § 3 Rn. 5 f.; HaKo-MiLoG/*Trümner, §* 3 Rn. 17; zu den Grenzen bei Abreden vor dem Inkrafttreten *Riechert/Nimmerjahn,* MiLoG § 3 Rn. 4 ff.

442 BeckOK ArbR/*Joussen* BGB § 615 Rn. 59; ErfK/*Preis,* BGB § 615 Rn. 78 je mwN.

443 *Bayreuther*, NZA 2015, 385 (392); *Lakies*, MiLoG § 1 Rn. 89; *Riechert/Nimmerjahn,* MiLoG § 1 Rn. 48.

444 BAG, Urt. v. 05.09.2002 – 8 AZR 702/01 – NZA 2003, 973, unter II.3. mwN; bestätigt durch BAG, Urteil vom 10. 1. 2007 – 5 AZR 84/06 – NZA 2007, 384 Rn. 28.

445 BAG, Urt. v. 09.07.2008 – 5 AZR 810/07 – BAGE 127, 119 = NZA 2008, 1407 Rn. 25; BAG, Urt. v. 22.04.2009 – 5 AZR 310/08 – BAGE 130, 331 = NZA 2009, 913, Rn 22.

446 Vgl. BAG, Urt. v. 07.12.2005 – 5 AZR 535/04 – BAGE 116, 267 = NZA 2006, 423 Rn. 37 ff.

Arbeitgeber auf den Arbeitnehmer abgewälzt wird.[447] Selbst wenn der Arbeitgeber sein Betriebsrisiko nur teilweise auf den Arbeitnehmer abwälzt, darf dies nicht in unangemessener Weise erfolgen, § 307 Abs. 2 Nr. 1 BGB. Keine unangemessene Benachteiligung dürfte für den Übergang des Betriebsrisikos vorliegen, sofern ein entsprechender Ausgleich gewährt wird.[448]

Tarifvertragliche Regelungen gem. § 310 Abs. 4 BGB sind grundsätzlich nicht der Inhaltskontrolle nach § 305 ff. BGB unterworfen. Jedoch müssen auch hier die jeweiligen Klauseln klar und eindeutig formuliert werden.

Da die (tarif-)vertragliche Modifikation des Annahmeverzugslohns so lange erfolgen kann, wie es als angemessen anzusehen ist, besteht die Möglichkeit, dass es hier zu einer Unterschreitung des Mindestlohns kommt. Dies ist insbesondere der Fall, wenn ohnehin nur der Mindestlohn gezahlt wird und vertraglich eine geringe, gerade noch angemessene Einschränkung hinsichtlich der Höhe des Annahmeverzugslohns vereinbart ist.[449]

4 Mindestlohn bei Urlaub

Der Anspruch auf Urlaubsentgelt könnte auf Grund seiner umfassenden unionsrechtlichen Bedeutung einen Sonderfall im Fortzahlungssystem darstellen.

Befindet sich der Arbeitnehmer im Urlaub, so ergibt sich der Entgeltfortzahlungsanspruch aus § 611 BGB i.V.m. § 1, 11 BurlG. Hiernach hat der Arbeitnehmer einen Anspruch auf bezahlten Erholungsurlaub. Die Höhe bestimmt sich nach § 11 BUrlG. Gem. dieser Vorschrift bemisst sich das Urlaubsentgelt unter Anwendung des Referenzperiodenprinzips nach dem durchschnittlichen Verdienst der letzten dreizehn Wochen vor Beginn des Urlaubs. Da der Arbeitnehmer im Referenzzeitraum einen Anspruch auf den Mindestlohn hat, bemisst sich der Anspruch des Urlaubsentgelts zumindest

---

447 BeckOK ArbR/*Joussen,* BGB § 615 Rn. 10; ErfK/*Preis,* BGB § 310 Rn. 82.

448 ErfK/*Preis,* BGB § 310 Rn. 82; vgl. auch BAG, Urt. v. 10.10.1990 – 5 AZR 404/89 – NZA 1991, 264 (265), unter III.

449 So auch *Greiner/Strippelmann,* BB 2015, 949 (951).

mittelbar in gleicher Höhe.[450] Der Mindestlohn ist in solchen Fällen als Geldfaktor anzusetzen.[451]

Nach der Rechtsprechung des EuGH[452] könnte der Mindestlohn sogar unmittelbare Auswirkungen auf das Urlaubsentgelt haben.[453] Die Bezahlung während des Urlaubs stellt hiernach einen zwingenden Grundsatz des Unionsrechts nach Art. 7 Abs. 1 RL 2003/88/EG[454] und Art. 31 Abs. 2 GRC[455] dar.[456] Dies hat zur Folge, dass das Urlaubsentgelt untrennbar mit der als Gegenleistung für die Arbeit erhaltenen Vergütung verbunden ist.[457] Demnach darf der Höhe nach für den gesetzlichen Mindesturlaub nicht mindestlohnunterschreitend abgewichen werden.

Gleiches ergibt sich schon aus den nationalen Regelungen. Hiernach ist auch zukünftig eine Abweichung durch Tarifvertrag gem. § 13 Abs. 1 BUrlG weiterhin zulässig,[458] jedoch darf dies nicht zu einer Vergütung unterhalb des Mindestlohns führen.[459] Die Berechnungsmethode darf nur dergestalt angepasst werden, dass sie nicht gegen die zwingenden Vorschriften der §§ 1, 2 und 3 Abs. 1 BUrlG verstößt. Dies würde zu einer Vergütung führen, die niedriger ist, als das Entgelt, das der Arbeitnehmer bei Weiterarbeit hätte erwarten dürfen.[460]

Trotz der wesentlich engeren Verbindung kann auch hier nicht von einer unmittelbaren Geltung des MiLoG ausgegangen werden. Die Bezugnahme des § 11 BUrlG erfolgt nur hinsichtlich der Entgelthöhe. Eine unmittelbare

---

450 Schubert/Jerchel/Düwell, Rn. 145.

451 LAG B, Urteil vom 07. März 2014 – 3 Sa 1728/13 – BeckRS 2014, 70651, unter B.I.2.b)bb)(1).

452 EuGH, Urt. v. 12.02.2015 – C-396/13 – (Elektrobudowa), NZA 2015, 345.

453 So wohl ErfK/Franzen, MiLoG § 1 Rn. 19.

454 Richtlinie 2003/88/EG des Europäischen Parlaments und des Rates vom 04.11.2003 über bestimmte Aspekte der Arbeitszeitgestaltung, ABl. Nr. L 299, 9.

455 Charta der Grundrechte der Europäischen Union, vom 12.12.2007, ABl. Nr. C 303, 1.

456 EuGH, Urt. v. 12.02.2015 – C-396/13 – (Elektrobudowa), NZA 2015, 345 Rn. 64 f.

457 EuGH, Urt. v. 12.02.2015 – C-396/13 – (Elektrobudowa), NZA 2015, 345 Rn. 68.

458 Vgl. BAG, Urt. v. 15.12.2009 – 9 AZR 887/08 – AP BUrlG § 11 Nr. 66 Rn. 15.

459 *Bayreuther,* NZA 2015, 385 (391).

460 BAG, Urt. v. 15.12.2009 – 9 AZR 887/08 – AP BUrlG § 11 Nr. 66 Rn. 15.

Geltung wäre nur dann anzunehmen, wenn das gesamte Regelungssystem in Bezug genommen worden wäre. Dies ist hier nicht der Fall.

Der übertarifliche Mehrurlaub unterfällt hingegen nicht den strikten Regelungen des BUrlG und unterliegt der vollen (tarif-)vertraglichen Disposition.[461]

Ein Arbeitnehmer hat demnach in Fall der Abwesenheit auf Grund des gesetzlichen Mindesturlaubs mindestens einen Anspruch auf Fortzahlung i.H.d. Mindestlohns.

V Anrechnung von Entgeltbestandteilen

Durch die bloße Zahlung eines Gesamtentgeltes in Höhe des Mindestlohns je Arbeitsstunde besteht noch keine Sicherheit darüber, dass der Arbeitgeber seiner Verpflichtung aus § 20 MiLoG auch wirksam nachgekommen ist. Hierzu müsste der Mindestlohnanspruch wirksam erfüllt worden sein.

1 Anrechnung im Grundsatz

Gem. § 362 Abs. 1 BGB tritt die Erfüllung ein, wenn der Schuldner die geschuldete Leistung bewirkt hat. Im Rahmen des Mindestlohns stellt sich die Frage, inwieweit einzelne Entgeltbestandteile, eine entsprechende Tilgungsbestimmung vorausgesetzt,[462] auf die geschuldete Leistung i.S.d. § 1 Abs. 1 MiLoG anrechenbar sind und somit Erfüllungswirkung entfalten.

Trotz Forderung seitens des Bundesrates[463] enthält das MiLoG selbst keine Bestimmung, aus der ersichtlich ist, mit welchen Entgelttatbeständen der Mindestlohnanspruch erfüllt wird.[464] Es ist daher bis zur höchstrichterlichen Entscheidung äußerst unsicher, welche Leistungen des Arbeitgebers zur Erfüllung des Mindestlohns führen.[465]

---

461 BAG, Urt. v. 15.12.2009 – 9 AZR 887/08 – AP BUrlG § 11 Nr. 66 Rn. 18.

462 BeckOK BGB/*Dennhardt,* BGB § 362 Rn. 21 mwN.

463 BR-Drs. 147/14 (Beschluss), 2 f. = BT-Drs. 18/1558, 61 f.

464 HaKo-MiLoG/*Düwell, §* 1, Rn 40.

465 Jöris/v. Steinau-Steinrück, BB 2014, 2101 (2106)

Um Lösungsansätze zu finden, ist eine differenzierte funktionsbezogene Betrachtung der jeweiligen Leistungen notwendig.[466]

a) Rechtsgrundsätze zum Mindestentgeltsatz

Die Bundesregierung erklärte auf die Forderung des Bundesrates[467] hin, dass es sich gem. § 20 MiLoG bei dem Mindestlohn um einen Mindestentgeltsatz i.S.d. § 2 Nr. 1 AEntG handelt.[468] Demnach muss auch auf die vom EuGH[469] und BAG[470] zum Arbeitnehmerentsenderecht geschaffenen Grundsätze zurückgegriffen werden.[471] Es bedarf also zunächst einer Bestimmung dieser Grundsätze, um diese sodann auf das MiLoG zu übertragen.

Den Vorgaben der Rechtsprechung des EuGH entsprechend kann ein Entgeltbestandteil nur dann auf Mindestentgeltsätze angerechnet werden, wenn hierdurch das synallagmatische Verhältnis zwischen geschuldeter Arbeitsleistung und Gegenleistung nicht verschoben wird.[472] Mehrarbeit und Arbeit unter besonderen Belastungen sind zwar zulässig, jedoch kann der Ausgleich für diese zusätzliche Leistung bei der Berechnung des Mindestlohns nicht berücksichtigt werden.[473] Die Definitionskompetenz hinsichtlich der

---

466 *Ulber,* RdA 2014, 176.

467 Siehe Fn. 463.

468 BT-Drs. 18/1558, 42.

469 EuGH, Urt. v. 14.04.2005 – C-341/02 – Slg. I 2005, 2735; EuGH, Urt. v. 07.11.2013 – C-522/12 – (Isbir), NZA 2013, 1359.

470 BAG, Urt. v. 27.01.2004 – 1 AZR 148/03 – BAGE 109, 244 = NZA 2004, 667; BAG, Urt. v. 30.03.2004 – 1 AZR 85/03 – AP BetrVG 1972 § 112 Nr. 170; BAG, Urt. v. 08.10.2008 – 5 AZR 8/08 – BAGE 128, 119 = NZA 2009, 98; BAG, Urt. v. 18.04.2012 – 4 AZR 139/10 – BAGE 141, 163 = NZA 2013, 392; zuletzt BAG, Urt. v. 16.04.2014 – 4 AZR 802/11 – NZA 2014, 1277.

471 So auch *Däubler,* NJW 2014, 1924 (1926); ErfK/*Franzen,* MiLoG § 1 Rn. 11; BeckOK ArbR/*Greiner,* MiLoG § 1 Rn. 25; *Jöris/v. Steinau-Steinrück,* BB 2014, 2101 (2103); *Lakies,* MiLoG § 1 Rn. 40; ders., AuR 2014, 360 (361); *Nebel/Kloster,* BB 2014, 2933 (2934 f.); *Viethen,* NZA-Beilage 2014, 143 (146 f.).

472 EuGH, Urt. v. 14.04.2005 – C-341/02 – (Kommission/Deutschland), Slg. I 2005, 2735 Rn. 38 f.; EuGH, Urt. v. 07.11.2013 – C-522/12 – (Isbir), NZA 2013, 1359 Rn. 38 ff. insb. Rn. 40.

473 EuGH, Urt. v. 07.11.2013 – C-522/12 – (Isbir), NZA 2013, 1359 Rn. 39 f.

Bestimmung, bei welchen Vergütungsbestandteilen es zu einer solchen Verschiebung kommen kann, liegt jedoch bei den nationalen Gerichten.[474] Für die Subsumtion ist somit auf die nationale höchstrichterliche Rechtsprechung abzustellen.[475]

Laut konkretisierender[476] Rechtsprechung des BAG sind nur solche Leistungen des Arbeitgebers mindestlohnwirksam, die ihrem Zweck nach diejenige Arbeitsleistung des Arbeitnehmers entgelten sollen, die mit dem Mindestlohn zu vergüten ist (funktionale Gleichwertigkeit).[477]

Hierzu ist zunächst die Bestimmung der Funktion der Arbeitgeberleistung notwendig. Diese muss sodann der nach dem Mindestlohntarifvertrag geschuldeten und erbrachten Arbeitnehmerleistung (Normalleistung) vergleichend gegenübergestellt werden. Ohne Relevanz ist hierbei der subjektive Wille des Arbeitgebers, wenn er auf Grund einer anderen Rechtsgrundlage als dem Mindestlohntarifvertrag zur Zahlung verpflichtet ist und sich die Funktion des Entgelts hieraus ergibt. Eine Anrechnung auf den Mindestlohn erfolgt dann jedoch sogar in dem Fall, dass die zur Zahlung verpflichtende Rechtsgrundlage den Vergütungsbestandteil als Mehrleistung ansieht, sie jedoch im Rahmen des Mindestlohntarifvertrags als Grundentgelt angesehen wird.[478]

An diese vorbenannten Grundsätze ist hinsichtlich des Mindestlohns auf Grund eines Mindestlohntarifvertrages nach dem AEntG vollumfänglich festzuhalten. Fraglich ist jedoch, inwiefern diese auf den allgemeinen gesetzlichen Mindestlohn Anwendung finden.

---

[474] EuGH, Urt. v. 07.11.2013 – C-522/12 – (Isbir), NZA 2013, 1359 Rn. 45.

[475] ErfK/*Franzen,* MiLoG § 1 Rn. 12; BeckOK ArbR/*Greiner,* MiLoG § 1 Rn. 26.

[476] BeckOK ArbR/*Greiner,* MiLoG § 1 Rn. 27.

[477] BAG, Urt. v. 18.04.2012 – 4 AZR 139/10 – BAGE 141, 163 = NZA 2013, 392 Rn. 28; BAG, Urt. v. 16.04.2014 – 4 AZR 802/11 – NZA 2014, 1277 Rn. 39.

[478] BAG, Urt. v. 16.04.2014 – 4 AZR 802/11 – NZA 2014, 1277 Rn. 40.

b) Anwendbarkeit auf das MiLoG

Teilweise wird in der Literatur vertreten, dass die vorbenannte Rechtsprechung nicht auf den Mindestlohn anzuwenden ist.[479]

Der Mindestlohn könne schon nicht als Mindestentgelt i.S.d. § 2 Nr. 1 A-EntG qualifiziert werden. Hiergegen würden sowohl der eindeutige Wortlaut sowie der divergierende Zweck der beiden Vergütungssysteme sprechen. Der Mindestlohn bezwecke die Garantie einer existenzsichernden Vergütung, wohingegen durch das AEntG branchenbezogene, einheitliche Arbeitsbedingungen geschaffen werden sollen.[480] Weiterhin werde im Rahmen der Mindestentgeltsätze nach dem AEntG auf Rahmentarifverträge abgestellt, aus denen die Normalleistung ersichtlich sei. Problematisch sei daher insbesondere, dass sich die Normalleistung mangels solcher Tarifverträge im MiLoG nicht eindeutig definieren lässt.[481] Vielmehr müsse nach dem Gesetzeszweck einzig erreicht werden, dass der Arbeitnehmer ein Entgelt i.H.d. Mindestlohns erhält. Die Zusammensetzung der Vergütung sei hierfür irrelevant.[482]

Mindestlohnwirksam müsse somit jede tatsächlich, fristgerecht und unwiderruflich erfolgte Zahlung sein, solange sie als Entgelt für eine Arbeitsleistung zu qualifizieren sei.[483] Nicht anrechnungsfähig seien hiernach der reine Aufwendungsersatz sowie jeder anderweitige Kostenausgleich.

Bestätigt werde dieses Auslegungsergebnis aus dem Wortlaut des § 1 Abs. 2 MiLoG.[484] Dieser stelle nur auf die Zeitstunde ab, welche somit den

---

[479] *Bayreuther,* NZA 2014, 865 (868); ähnlich *Schmitz-Witte,* AuA 2015, 136 (137); *Schweibert/Leßmann*, DB 2014, 1866 (1869).

[480] *Schweibert/Leßmann*, DB 2014, 1866 (1869).

[481] *Hanau/Bepler*, Ausschuss-Drs. 18(11)133, 142 (143); zustimmend *Bayreuther,* NZA 2014, 865 (868); ähnlich *Schmitz-Witte,* AuA 2015, 136 (137); *Schweibert/Leßmann*, DB 2014, 1866 (1869).

[482] *Schmitz-Witte,* AuA 2015, 136 (137); *Schweibert/Leßmann*, DB 2014, 1866 (1869); *Sittard,* NZA 2014, 951 (952).

[483] *Bayreuther,* NZA 2014, 865 (868); ähnlich *Sittard,* NZA 2014, 951 (952); *Schweibert/Leßmann*, DB 2014, 1866 (1869); abweichend doch mit vergleichbaren Ergebnis *Jares,* DB 2015, 307 ff.

[484] *Bayreuther,* NZA 2014, 865 (868)

einzigen Anknüpfungspunkt zwischen Arbeitsleistung und Vergütung darstelle. Hiergegen spreche auch nicht der Wille des Gesetzgebers. [485] Bei der Äußerung, in der sich für die Anwendung der Grundsätze nach Mindestentgeltsätzen i.S.d. § 2 Nr. 1 AEntG ausgesprochen wurde, handele es sich „nur" um eine Stellungnahme. Diese sei somit nicht als Gegenstand der Gesetzesbegründung zu bewerten.

Dieser Ansicht kann zumindest hinsichtlich der dogmatischen Begründung nicht gefolgt werden. Zum einen erscheint das Argument, dass die Gegenäußerung der Bundesregierung nicht Bestandteil der Gesetzesbegründung ist, schon an sich fragwürdig zu sein. Schließlich wurde die Gegenäußerung in die Gesetzesmaterialien aufgenommen und deren Aussage im Nachhinein[486] bestätigt.[487] Zum anderen wurde der Mindestlohn bereits im ersten Gesetzesentwurf als Mindestentgeltsatz qualifiziert.[488] Dass hieraus auch die Anwendbarkeit der europäischen Rechtsprechung zur Anrechnung von Mindestlöhnen folgen soll, stellt somit lediglich eine Konkretisierung des gesetzgeberischen Willens dar.[489] Diesem Willen würde die vorbenannte Vorgehensweise ausdrücklich zuwider laufen.

Des Weiteren ergibt sich die Qualifizierung als Mindestentgeltsatz nicht nur aus dem Willen des Gesetzgebers, sondern bereits objektiv, auf Grund der internationalen Wirkung des § 20 MiLoG selbst.[490] Der Mindestlohn ist somit auch unabhängig von der Gesetzesbegründung als Mindestentgeltsatz i.S.d. AEntG anzusehen. Eine Nichtanwendung der Rechtsprechung stünde demnach nicht im Einklang mit der europäischen Rechtsprechung,[491] welche nicht nur auf grenzüberschreitende, sondern auch auf reine Inlandssachverhalte anzuwenden ist.[492]

---

[485] *Bayreuther,* NZA 2014, 865 (869).

[486] BT-Drs- 18/2010 (neu), 14 ff.

[487] *Lakies*, MiLoG § 1 Rn. 44.

[488] BT-Drs. 147/14, 36 und 45.

[489] Ähnlich *Lakies*, MiLoG § 1 Rn. 42.

[490] ErfK/*Franzen,* MiLoG, § 20 Rn. 1; BeckOK ArbR/*Greiner,* MiLoG § 20 Rn. 2.

[491] BeckOK ArbR/*Greiner,* MiLoG § 1 Rn. 30.

[492] *Brors*, NZA 2014, 938 mwN.

Einer anderen Ansicht nach sind die Grundsätze der Rechtsprechung zum § 2 Abs. 1 AEntG grundsätzlich anwendbar.[493] Eine Arbeitgeberleistung könne demnach auf den Mindestlohn angerechnet werden, wenn es zu keiner Verschiebung im Verhältnis zwischen Leistung und Gegenleistung käme und der jeweilige Zweck der Leistungen funktional gleichwertig sei. Hierbei müsse jedoch beachtet werden, dass für die funktionelle Gleichwertigkeit nicht auf tarifvertragliche Regelungen zurückgegriffen werden könne, um die mit dem Mindestlohn zu vergütende Leistung (Normalleistung) zu bestimmen. Diese müsse, um sie den Zahlungen des Arbeitgebers gegenüberzustellen, durch anderweitige Auslegung ermittelt werden.[494] Dem ist soweit zuzustimmen.

Zusammenfassend ist demnach festzustellen, dass die Grundsätze der Rechtsprechung zum Mindestentgeltsatz nach dem AEntG auch auf die Bewertung von Entgeltbestandteilen im Rahmen des allgemeinen gesetzlichen Mindestlohns Anwendung finden müssen. Fraglich ist jedoch, wie in diesem Fall die Normalleistung zu bestimmen ist.

c) Anrechenbarkeit der Normalleistung

An dieser Stelle kommt es jedoch im Schrifttum zu eklatanten Abweichungen bei der Bestimmung der Normalleistung, was weitreichende Folgen für die Mindestlohnwirksamkeit einzelner Vergütungsbestandteile nach sich zieht. Vor allem stellt sich die Frage, anhand welcher Rechtsquelle die Auslegung des Begriffes der Normalleistung zu erfolgen hat.

(aa) Normalleistung kraft Vereinbarung

Einerseits wird vertreten, dass die Normalleistung anhand der vertraglich geschuldeten Leistung des Arbeitnehmers zu bestimmen ist.[495] Bereits aus

---

493 *Brors,* NZA 2014, 938; HaKo-MiLoG/*Düwell,* § 1 Rn. 40 ff.; *Riechert/Nimmerjahn*, MiLoG § 1 Rn. 114 ff.; *Schubert/Jerchel/Düwell,* Rn. 136 ff.; *Waltermann,* AuR 2015, 166 (171).

494 *Brors,* NZA 2014, 938; HaKo-MiLoG/*Düwell,* § 1 Rn. 40 ff.; *Riechert/Nimmerjahn*, MiLoG § 1 Rn. 114 ff.; *Schubert/Jerchel/Düwell,* Rn. 136 ff.; *Waltermann,* AuR 2015, 166 (171).

495 BeckOK ArbR/*Greiner*, MiLoG § 1 Rn. 29.

der bisherigen Rechtsprechung[496] ergebe sich diese Vorgehensweise, wonach nur solches Entgelt anrechenbar sei, mit welchem die vertraglich geschuldete Leistung vergütet wird. Ansonsten fehle es an dem synallagmatischen Verhältnis zwischen Arbeit und Gegenleistung.[497] Hieraus könne man schließen, dass sämtliche Leistungen, die durch die Vertragsparteien nicht als zuschlagspflichtige Arbeitsleistungen ausgewiesen sind, zur Normalleistung gehören und somit anrechenbar sind.[498]

Richtig ist, dass bei fehlendem synallagmatischem Verhältnis eine Anrechnung zu unterbleiben hat. Ansonsten wäre hierin schon eine europarechtswidrige Verschiebung im Verhältnis zwischen Arbeitsleistung und Gegenleistung zu sehen.[499]

Hierbei muss jedoch beachtet werden, dass eine solche Vorgehensweise nicht mit der bisherigen Rechtsprechung zur funktionalen Gleichwertigkeit im Einklang steht. Im Rahmen dieser wurde die mit dem Mindestlohn zu vergütende Leistung (Normalleistung) anhand des Mindestlohntarifvertrags bestimmt.[500] Wendet man diesen Grundsatz auf den allgemeinen gesetzlichen Mindestlohn an, so ist anhand des MiLoG auszulegen, welche Leistung mit dem Mindestlohn vergütet werden soll. In dem Gesetz findet sich jedoch kein Anknüpfungspunkt, aus welchem sich ergibt, dass die mit dem Mindestlohn zu vergütende Tätigkeit anhand der vertraglichen Regelungen zu bestimmen ist. Hätte der Gesetzgeber dies gewollt, so müsste dieser Wille auch durch eine gesetzliche Regelung zum Ausdruck kommen.[501]

Vielmehr käme man zu dem widersinnigen Ergebnis, dass nun jedoch der Zweck der nach dem MiLoG zu vergütenden Arbeitsleistung (Normalleistung) durch (tarif-)vertragliche Abreden bestimmt wird, und somit die funktionale Gleichwertigkeit immer zu bejahen wäre. Andererseits sähe sich ein

---

496 BAG, Urt. v. 18.04.2012 – 4 AZR 139/10 – BAGE 141, 163 = NZA 2013, 392 Rn. 28 ff.

497 BeckOK ArbR/*Greiner*, MiLoG § 1 Rn. 27.

498 BeckOK ArbR/*Greiner*, MiLoG § 1 Rn. 32.

499 Vgl. *Sittard,* NZA 2014, 951 (952) der vom Lohn im eigentlichen Sinne spricht.

500 BAG, Urt. v. 16.04.2014 – 4 AZR 802/11 – NZA 2014, 1277 Rn. 40 mwN.

501 *Jares*, DB 2015, 307, (308); vgl. BAG, Urt. v. 16.04.2014 – 4 AZR 802/11 – NZA 2014, 1277 Rn. 46, 49.

Arbeitgeber bzgl. Altverträge gezwungen, diese per Änderungskündigung anzupassen, um eine Anrechenbarkeit herbeizuführen und so hohe Personalkosten zu vermeiden.[502]

Mangels stringenter Anwendung der Grundsätze aus der bisherigen Rechtsprechung ist dieser Meinung somit nicht zu folgen.

(bb) Normalleistung als reine Grundvergütung

Die Anwendung der vorbenannten Grundsätze hat für Manche zur Folge, dass als Normalleistung nur der Grundlohn verstanden werden darf.[503] Denn Sinn und Zweck des MiLoG sei es, angemessene Arbeitsbedingungen herzustellen. Da als einzige Voraussetzung für die Erwirtschaftung dieser angemessenen Vergütung die Arbeitsleistung pro Zeitstunde festgelegt wurde, könne dies nicht von weiteren Zusatzleistungen abhängig gemacht werden. Eine Zusatzleistung sei schon dann gegeben, wenn es sich nicht um verstetigte Arbeit, sondern um wechselnde Arbeitsbedingungen handle.

Diese Vorgehensweise sei auch zwingend notwendig, da ansonsten von den zwingenden Vorgaben der europäischen Rechtsprechung abgewichen werde. Auch bei anderslautender (tarif-)vertraglicher Regelung käme es bei jedweder Anrechnung von Entgelten für Zusatzleistungen zu einer Verschiebung im Verhältnis zwischen Arbeitsleistung und Gegenleistung.[504]

Diese extreme Definition steht im Kontrast zum ausdrücklichen Willen des Gesetzgebers und ist somit abzulehnen. Würde man eine Anrechenbarkeit nur hinsichtlich des Grundlohns je Zeitstunde bejahen, bliebe für sämtliche Formen der leistungsbezogenen Vergütungen kein Raum.[505] Solche wollte der Gesetzgeber doch ausdrücklich auch weiterhin wirksam bestehen lassen.[506]

---

[502] *Lennart*, BB 2015, 1728.
[503] *Brors,* NZA 2014, 938 (940 f.).
[504] *Brors,* NZA 2014, 938 (940 f.).
[505] BeckOK ArbR/*Greiner,* MiLoG § 1 Rn. 31.
[506] BT-Drs. 18/1558, 34.

(cc) Normalleistung durch Auslegung des MiLoG

Einer weiteren Ansicht nach ist bei der Bestimmung der Normalleistung eine stringente Anwendung der Rechtsprechung zum Mindestentgeltsatz notwendig.[507]

Im Rahmen dieser Grundsätze leitet sich die zu vergütende Tätigkeit allein auf Grund des jeweiligen Mindestlohntarifvertrages ab,[508] wobei auf den Willen der Tarifvertragsparteien und ggf. auf branchenspezifische Besonderheiten abzustellen sei. Für die Bestimmung der Normalleistung des allgemeinen gesetzlichen Mindestlohns folge daher, dass sich diese aus dem MiLoG selbst ergeben müsse, wobei der Wille des Gesetzgebers zu beachten sei.[509] Dieser Vorgehensweise ist zuzustimmen.

Höchstrichterlich entschieden ist, dass bei einem Mindestlohn je Stunde grundsätzlich jede Art der Arbeitsleistung als Normalleistung zu qualifizieren ist.[510] Aus einer solchen Formulierung kann nicht geschlossen werden, dass Zulagen auf Grund besonderer zeitlicher Lage oder sonstiger Erschwernisse nicht bereits mit dem Mindestlohn abgegolten werden.[511] Hieran würde auch eine andere Einschätzung der Arbeitsleistung von Arbeits- oder Tarifvertragsparteien nichts ändern, da es auf diese nicht ankommt, wenn die Leistung nach dem MiLoG bereits vom Mindestlohn umfasst ist.[512]

Eine solche Auslegung spiegelt auch den Sinn und Zweck des Mindestlohns wieder.[513] Hierbei sollte und konnte keine branchenspezifische und für jedermann gerechte Lohnuntergrenze geschaffen werden. Vielmehr bezweckt

---

507 *Lembke*, NZA 2015, 70 (75 f.); *Sittard,* RdA 2015, 99 (101 ff.).

508 BAG, Beschl. v. 18.04.2012 – 4 AZR 168/10 (A) – BAGE 141, 173 = NZA 2013, 386 Rn. 20 ff.; BAG, Urt. v. 18.04.2012 – 4 AZR 139/10 – BAGE 141, 163 = NZA 2013, 392 Rn. 31 ff.; BAG, Urt. v. 16.04.2014 – 4 AZR 802/11 – NZA 2014, 1277 Rn. 40 ff.

509 *Jares,* DB 2015, 307 (308 f.); ArbG Berlin, Urt. v. 04.03.2015 – 54 Ca 14420/14 – juris Rn. 32.

510 So ausdrücklich *Lembke*, NZA 2015, 70 (75 f.).

511 Vgl. BAG, Urt. v. 16.04.2014 – 4 AZR 802/11 – NZA 2014, 1277 Rn. 46, 49; **aA** *Ulber,* RdA 2014, 176 (177), unter III.3.

512 Vgl. BAG, Urt. v. 16.04.2014 – 4 AZR 802/11 – NZA 2014, 1277 Rn. 40.

513 *Sittard,* NZA 2014, 951 (952).

der Mindestlohn den Schutz der Arbeitnehmer vor allgemein und branchenübergreifend unangemessenen niedrigen Löhnen.[514] Auch für das vom Gesetzgeber bestrebte Erreichen der Pfändungsfreigrenze eines Vollzeitbeschäftigten ist es irrelevant, wie sich der Lohn zusammensetzt.[515]

Hiergegen spricht auch nicht, dass in der Gesetzesbegründung[516] und insbesondere seitens des Zolls[517] eine andere Rechtsauffassung vertreten wird. Die Kernaussage in der Gesetzesbegründung ist, dass die Grundsätze der Rechtsprechung zum AEntG auf die Anrechenbarkeit von Entgeltbestandteilen angewandt werden sollen. Dass hieraus bei einer exemplarischen Aufzählung die falschen Schlüsse gezogen werden, kann keinen Einfluss auf die Auslegung haben.

Es gilt somit, dass grundsätzlich jeder Vergütungsbestandteil auf den Mindestlohn angerechnet wird, sofern es sich um Entgelt für erbrachte Arbeitsleistung handelt. Hieran ändert sich auch nichts, wenn sich durch (bisherige) Abreden ergibt, dass eine Leistung als zuschlagspflichtig anzusehen ist.

Von diesem Grundsatz muss ausnahmsweise dann abgewichen werden, wenn ein Zuschlag kraft Gesetz einen Zweck verfolgt, der einer Anrechnung auf den Mindestlohn entgegensteht.[518] So bestimmt § 6 Abs. 5 ArbZG, dass ein Arbeitnehmer für abgeleistete Nachtarbeitsstunden einen Anspruch auf einen tariflichen Ausgleich und mangels dessen auf eine angemessene Anzahl freier Arbeitsstunden bzw. auf einen angemessenen Zuschlag hat. Aus der Formulierung des MiLoG ist nicht ersichtlich, dass Nachtschichtzulagen, welche auch durch Gesetz und somit auf gleicher Hierarchieebene angeordnet sind, ohne entsprechenden Ausgleich ersatzlos auf den Mindestlohn angerechnet werden sollen. Dieser Entgeltbestandteil bezweckt weiter-

---

[514] BT-Drs. 18/1558, 28.

[515] ArbG Düsseldorf, Urt. v. 20.04.2015 – 5 Ca 1675/15 – BeckRS 2015, 68820, unter II.2.a)bb); *Sittard,* NZA 2014, 951 (952).

[516] BT-Drs. 18/1558, 67.

[517] http://www.zoll.de/DE/Fachthemen/Arbeit/Mindestarbeitsbedingungen/Mindestlohn-Mindestlohngesetz/mindestlohn-mindestlohngesetz_node.html (zuletzt abgerufen am 31.07.2015).

[518] *Lembke*, NZA 2015, 70 (76).

hin nicht nur die Honorierung von Arbeitsleistung, sondern dient unter anderem auch dem Gesundheitsschutz des Arbeitnehmers.[519] Mangels gleichwertigen Regelungszwecks kommt daher eine Anrechnung hier nicht in Betracht.[520]

Auf Grund des aktuellen Stands der Rechtsprechung muss vom vorbenannten Auslegungsergebnis der Normalleistung ausgegangen werden.

d) Zeitlicher Aspekt hinsichtlich der Anrechnung

Auch der Zeitpunkt der Zahlung könnte von entscheidender Bedeutung für die Anrechenbarkeit von Entgeltbestandteilen sein.

Eindeutig ist, dass eine verspätete Zahlung bei Vorsatz oder Fahrlässigkeit gem. § 21 Abs. 1 Nr. 9 MiLoG eine Ordnungswidrigkeit darstellt. Jedoch stellt sich die Frage, ob einer Zahlung außerhalb des Fälligkeitszeitpunktes trotzdem Erfüllungswirkung zukommen kann.

Einerseits wird vertreten, dass verspätete Zahlungen nicht auf den Mindestlohnanspruch angerechnet werden können.[521] Sinn und Zweck des Mindestlohns sei es, dass der Arbeitnehmer über den Mindestlohn als existenzsicherndes Minimum[522] ohne große Verzögerung verfügen könne.[523] Dieser gesetzgeberische Wille sei schon aus dem § 2 Abs. 1 Nr. 2. MiLoG ersichtlich, wonach der Mindestlohn für alle geleisteten Arbeitsstunden bis spätestens zum letzten Bankarbeitstag in Frankfurt am Main des Folgemonats der erbrachten Arbeitsleistung gezahlt werden muss. Demnach könne eine Zahlung ausschließlich dann Mindestlohnwirksamkeit erlangen, wenn sie innerhalb des Fälligkeitszeitraums nach § 2 MiLoG erfolgt.

---

519 BAG, Urt. v. 16.04.2014 – 4 AZR 802/11 – NZA 2014, 1277 Rn. 40.

520 *Jares,* DB 2015, 307, (309).

521 *Sittard,* NZA 2014, 951 (952); *Ulber,* RdA 2014, 176 (180), unter VII.3.c)bb); ArbG Berlin, Urt. v. 04.03.2015 – 54 Ca 14420/14 – juris, Rn. 44.;

522 BT-Drs. 18/1558, 28.

523 *Sittard,* NZA 2014, 951 (952); *Ulber,* RdA 2014, 176 (180), unter VII.3.c)bb).

Der Gegenansicht nach hat der Auszahlungszeitpunkt grundsätzlich keinen Einfluss auf die Mindestlohnwirksamkeit eines Entgeltbestandteils.[524] Der Fälligkeitsregelung nach § 2 Abs. 1 MiLoG komme keine Wirkung hinsichtlich der Anrechnung von Entgeltbestandteilen zu. Vielmehr habe die Norm vor allem Bedeutung für die Verwirklichung von Bußgeldtatbeständen.[525] Eine Nichtanrechnung würde einen erheblichen Eingriff in bestehende Vergütungsstrukturen darstellen, welche jedoch durch den Mindestlohn nicht unangemessen eingeschränkt werden sollten.[526]

Letzterer Meinung ist zuzustimmen. Zum einen spricht für diese Ansicht schon der Wortlaut des § 21 Abs. 1 Nr. 9 MiLoG, wonach nicht nur die Nichtzahlung, sondern auch die zu spät erfolgte Zahlung bußgeldbewehrt ist. Diese Formulierung impliziert die Möglichkeit, den Mindestlohnanspruch auch nachträglich zu erfüllen.

Des Weiteren überzeugt das Argument der existenzsichernden Funktion des Mindestlohns nicht. Richtig ist zwar, dass hierdurch teilweise auch diese Funktion verfolgt werden soll,[527] jedoch würde eine Nichtanrechnung zu spät erfolgter Zahlungen auch nichts an dem Umstand ändern, dass das Entgelt im Fälligkeitszeitpunkt fehlt. Der existenzsichernden Funktion ist schon genüge getan, wenn sich der Arbeitgeber auf Grund des drohenden Bußgeldes an die Fälligkeitsregelung des § 2 Abs. 1 MiLoG hält.

Zuletzt erscheint es schon fraglich, ob die Nichtanrechnung einer verspäteten Zahlung zu einem gerechten Ergebnis führen würde. Sollte man die erstgenannte Ansicht vertreten, hätte der Arbeitnehmer zum einen die verspätete Zahlung erhalten und zum anderen noch einen Anspruch auf Vergütung des Mindestlohnes, als Schadensersatz statt der Leistung, ggf. nach §§ 280 Abs. 1 und 3, 283 BGB.[528] Er könnte demnach für dieselbe Arbeitsleistung

---

524 ErfK/*Franzen,* MiLoG § 2 Rn. 3; ErfK/*Franzen,* MiLoG § 1 Rn. 16; BeckOK ArbR/*Greiner,* MiLoG § 1 Rn. 55; *Riechert/Nimmerjahn,* MiLoG § 1 Rn. 99; *Waltermann,* AuR 2015, 166 (172).

525 ErfK/*Franzen,* MiLoG § 1 Rn. 16.

526 ErfK/*Franzen,* MiLoG § 2 Rn. 3.

527 BT-Drs. 18/1558, 28.

528 BeckOK ArbR/*Greiner*, MiLoG § 1 Rn. 67 mwN.

doppelt Entgelt verlangen und wäre somit, zumindest bis zum Zurückverlangen des Arbeitgebers wegen ungerechtfertigter Bereicherung, überkompensiert.

Insbesondere hinsichtlich der existenzsichernden Funktion erscheint es dann gerechter, dem Arbeitnehmer für den zu spät gezahlten Mindestlohn und den daraus entstehenden Schaden einen Anspruch auf Ersatz des Verzugsschadens nach §§ 280 Abs. 1 und 2, 286 BGB zuzusprechen.[529]

Entgelttatbestände können somit auch dann unter den vorgenannten Voraussetzungen mindestlohnwirksam gezahlt werden, wenn die Zahlung außerhalb des Fälligkeitszeitraumes nach § 2 MiLoG erfolgt.

e) Zwischenfazit

Die Rechtsprechung zum Mindestentgelt nach dem AEntG muss soweit wie möglich auf die Anrechenbarkeit von Entgeltbestandteilen auf den Mindestlohn herangezogen werden.[530] Eine Anrechnung darf somit nicht zur Verschiebung des Verhältnisses zwischen Arbeitsleistung und Vergütung führen.[531] Dem wird regelmäßig dann entsprochen, wenn Leistung und Gegenleistung funktional gleichwertig sind.[532] Aus dem MiLoG ergibt sich, dass grundsätzlich jede Art von Arbeitsleistung mit dem Mindestlohn vergütet werden soll.[533]

Mindestlohnrelevant sind demnach alle Zahlungen mit denen Arbeitsleistung vergütet wird.[534]

---

[529] BeckOK ArbR/*Greiner*, MiLoG § 1 Rn. 67; *Richert/Nimmerjahn*, MiLoG § 1 Rn. 143 f.

[530] *Lembke*, NZA 2015, 70 (75 f.); *Sittard*, RdA 2015, 99 (101 ff.).

[531] Vgl. EuGH, Urt. v. 07.11.2013 – C-522/12 – (Isbir), NZA 2013, 1359 Rn. 38 ff. mwN.

[532] Vgl. BAG, Urt. v. 16.04.2014 – 4 AZR 802/11 – NZA 2014, 1277 Rn. 39.

[533] Vgl. BAG, Urt. v. 16.04.2014 – 4 AZR 802/11 – NZA 2014, 1277 Rn. 46, 49

[534] *Lembke*, NZA 2015, 70 (75 f.).

Unter der Voraussetzung, dass eine Leistung hinsichtlich ihrer Erfüllungswirkung hinreichend bestimmt ist, gilt dies auch, wenn die Zahlung außerhalb des Fälligkeitszeitraumes nach § 2 Abs. 1 MiLoG erfolgt.[535] Eine verspätete Vergütung kann jedoch Schadensersatzansprüche nach §§ 280 Abs. 1 und 2, 286 BGB sowie gem. § 21 Abs. 1 Nr. 9, Abs. 3 MiLoG ein Bußgeld i.H.v. bis zu 500.000,00 € nach sich ziehen.[536]

2 Einzelfälle

Verdeutlicht wird die vorbenannte Vorgehensweise, wenn man sie auf einzelne Vergütungsbestandteile konkret anwendet. Bei der Bestimmung der Rechtsqualität von Vergütungsbestandteilen hat stets eine Auslegung im Einzelfall zu erfolgen. Auf die Bezeichnung kommt es grundsätzlich nicht an.[537]

Es kommt entscheidend darauf an, wie die Anspruchsvoraussetzungen ausgestaltet sind und ob z.B. eine Kürzung der Zahlung vorgesehen ist.[538] Die Auslegung, ob mit einer Zahlung die Vergütung von Arbeitsleistung bezweckt wird oder nicht, hat nach den Grundsätzen der §§ 305 ff. BGB zu erfolgen.[539]

Es bedarf für die Bestimmung der Anrechenbarkeit somit einer Auslegung, ob mit der Zahlung die geleistete Arbeit vergütet wird. Ist dies der Fall, so spricht man vom Entgelt im engeren Sinne.[540] Ein solches Entgelt liegt z. B.

---

535 ErfK/*Franzen,* MiLoG § 2 Rn. 3; ErfK/*Franzen,* MiLoG § 1 Rn. 16; BeckOK ArbR/*Greiner,* MiLoG § 1 Rn. 55; *Riechert/Nimmerjahn,* MiLoG § 1 Rn. 99; *Waltermann,* AuR 2015, 166 (172).

536 BeckOK ArbR/*Greiner*, MiLoG § 1 Rn. 67; *Richert/Nimmerjahn*, MiLoG § 1 Rn. 143 f.

537 BAG, Urt. v. 16.03.1994 – 10 AZR 669/92 – NZA 1994, 747; BAG, Urt. v. 17.04.1996 – 10 AZR 558/95 – NZA 1997, 55; BAG, Urt. v. 12.10.2010 – 9 AZR 522/09 – NZA 2011, 695.

538 BAG, Urteil vom 17.04.1996 – 10 AZR 558/95 – NZA 1997, 55 (57), unter 4.f)aa) mwN.

539 ErfK/*Preis*, BGB § 611 Rn. 528 f.

540 Westphalen/*Thüsing,* VertrR, Rn. 382.

vor, wenn die Zahlung an eine Zielerreichung,[541] dem Unternehmenserfolg[542] oder dem laufenden Gehalt des Arbeitnehmers[543] anknüpft. Weiterhin ist auch von einem Entgelt für erbrachte Arbeitsleistung auszugehen, wenn dieses einen wesentlichen Anteil der Gesamtvergütung ausmacht.[544]

Bezweckt eine Zahlung hingegen z. B. die Honorierung von Betriebstreue oder einen anderen Nebenzweck, ist sie nicht als Entgelt im engeren Sinne zu qualifizieren.[545] Hiervon ist insbesondere dann auszugehen, wenn die Betriebszugehörigkeit die ausschließliche Anspruchsvoraussetzung ist.[546] Dies wird regelmäßig durch Vereinbarung von Stichtags-, Bindungs- und Rückzahlungsklauseln sichergestellt.[547]

Folgend wird aus Gründen der Übersichtlichkeit von den üblicherweise mit der Bezeichnung in Verbindung gebrachten Leistungen ausgegangen.

a) Aufwandsentschädigungen

Von Aufwandsentschädigungen spricht man, wenn der Arbeitnehmer Vermögen zurückverlangen kann, dass er im Interesse des Arbeitgebers eingesetzt hat und dieses nicht bereits abgegolten ist.[548]

---

[541] BAG, Urt. v. 18.01.2012 – 10 AZR 667/10 – BAGE 140, 239 = NZA 2012, 620 Rn. 10 mwN.

[542] BAG, Urt. v. 12.04.2011 – 1 AZR 412/09 – BAGE 137, 300 = NZA 2011, 989 Rn. 25 mwN.

[543] BAG, Urt. v. 18.01.2012 – 10 AZR 667/10 – BAGE 140, 239 = NZA 2012, 620 Rn. 10 mwN.

[544] BAG, NZA 2004, 456, unter II.2.b) bb).

[545] Westphalen/*Thysing,* VertrR, Rn. 381.

[546] BAG, Urt. v. 18.01.1978 – 5 AZR 685/77 – AP BGB § 611 Gratifikation Nr. 93.

[547] ErfK/*Preis* BGB, § 611 Rn. 534e; vgl. auch BAG, Urt. v. 14.11.2012 – 10 AZR 3/12 – NZA 2013, 327 Rn. 20.

[548] ErfK/*Preis,* BGB § 611 Rn. 553.

Diese Entschädigungen sind nicht als Entgelt für Arbeitsleistung zu qualifizieren.[549] Somit sind solche Zahlungen in ihrer Reinform auch nach wohl einhelliger Meinung nicht auf die Mindestlohnvergütung anzurechnen.[550]

Das sog. Wegegeld kann hierbei eine Ausnahme darstellen. Werden nur die tatsächlichen Fahrtkosten oder ein Ausgleich für eine Fahrzeugnutzung erstattet, so sind diese Zahlungen nicht auf den Mindestlohn anzurechnen.[551] Etwas anderes gilt jedoch, wenn es sich um eine Dienstreise handelt und mit dem Wegegeld die Fahrtzeit vergütet wird. Diese Zahlung hat Entgeltcharakter und kann somit auf den Mindestlohn angerechnet werden.[552]

b) Jahressonderzahlungen

Zu den Jahressonderzahlungen gehören Lohnbestandteile, die meist einmal jährlich in Form einer Sonderzuwendung ausgezahlt werden. Hierzu gehören insbesondere Gratifikation,[553] das 13. Monatsgehalt, die Jahresabschlussvergütung, das Weihnachtsgeld, das Urlaubsgeld sowie Jubiläumszuwendung.[554]

---

549 BAG, Urteil vom 15.07.1992 – 7 AZR 491/91 – NZA 1993, 661 (662), unter II. 2. mwN.

550 *Bayreuther,* NZA 2014, 865 (869); *Brors,* NZA 2014, 938 (940, 942); *Däubler,* NJW 2014, 1924 (1927); ErfK/*Franzen,* MiLoG § 1 Rn. 17; BeckOK ArbR/*Greiner,* MiLoG § 1 Rn. 41; *Jares,* DB 2015, 307 (308); *Lakies,* AuR 360 (361); *ders.,* ArbR 2014, 343; *ders.,* MiLoG § 1 Rn. 49; *Lembke*, NZA 2015, 70 (75); *Riechert/Nimmerjahn,* MiLoG § 1 Rn. 148; *Schmitz-Witte,* AuA 2015, 136 (137); *Sittard,* RdA 2015, 99 (103); *Ulber,* RdA 2014, 176; *Viethen*, NZA-Beilage 2014, 143 (147)

551 ErfK/*Franzen,* MiLoG § 1 Rn. 17; BeckOK ArbR/*Greiner,* MiLoG § 1 Rn. 41; *Jares,* DB 2015, 307 (308); *Riechert/Nimmerjahn,* MiLoG § 1 Rn. 151; *Sittard,* RdA 2015, 99 (105); *Viethen,* NZA-Beilage 2014, 143 (147).

552 ErfK/*Franzen,* MiLoG § 1 Rn. 17; BeckOK ArbR/*Greiner,* MiLoG § 1 Rn. 41; *Jares,* DB 2015, 307 (308); *Riechert/Nimmerjahn,* MiLoG § 1 Rn. 151; *Sittard,* RdA 2015, 99 (105).

553 *Schiefer,* NZA 1993, 1015 ff.; Moll/*Boudon*, MAH Arbeitsrecht § 20 Rn. 122 mwN.

554 ErfK/*Preis,* BGB § 611 Rn. 527.

Teilweise wird vertreten, dass solche Zahlungen immer als Entgelt für die erbrachte Arbeitsleistung zu qualifizieren sind.[555] Der Zweck der Zahlung sei hierbei nicht von Belang. Es komme nicht darauf an, ob eine Zahlung „hinausgeschobenes Arbeitsentgelt" sei, oder hiermit teilweise bzw. gänzlich die Betriebstreue honoriert wird.[556]

Der Gegenmeinung nach sind zumindest Zahlungen, die ausschließlich die Betriebstreue honorieren sollen, nicht mindestlohnrelevant.[557] Es sei zwar richtig, dass nach aktueller Rechtsprechung[558] Zahlungen sehr großzügig als Entgelt für erbrachte Arbeitsleistung qualifiziert werde,[559] jedoch seien auch weiterhin Zahlungen ohne Entgeltcharakter denkbar.[560]

Eine Anrechnung dieser Zahlungen würde das Verhältnis zwischen der Leistung des Arbeitnehmers und der dafür erbrachten Gegenleistung des Arbeitgebers verschieben und sei somit europarechtswidrig.[561] Mindestlohnwirksam können daher nur solche Zahlungen sein, die zumindest auch die Arbeitsleistung entgelten und somit als Entgelt im Sinne der aktuellen Rechtsprechung zu Stichtagsklauseln zu qualifizieren sind.

Der letztgenannten Ansicht ist im Grundsatz zuzustimmen. Zahlungen, die ausschließlich andere Zwecke verfolgen als die Arbeitsleistung zu entgelten, können gem. der europäischen Rechtsprechung nicht auf den Mindestlohn angerechnet werden. Inkonsequent erscheint jedoch, dass Zahlungen mindestlohnwirksam sein sollen, die nur zum Teil die Arbeitsleistung vergüten (Zahlungen mit Mischcharakter).

---

555 ErfK/*Franzen,* MiLoG § 1 Rn. 15.

556 ErfK/*Franzen,* MiLoG § 1 Rn. 15; ähnlich aber mit anderer Begründung *Bayreuther,* NZA 2014, 965 (968).

557 *Däubler,* NJW 2014, 1924 (1927); BeckOK ArbR/*Greiner*, MiLoG § 1 Rn. 40; *Lembke,* NZA 2015, 70 (76); *Schweibert/Leßmann,* DB 2014, 1866 (1869).

558 BAG, Urt. v. 13.11.2013 – 10 AZR 848/12 – BAGE 146, 284 = NZA 2014, 368.

559 *Sittard,* NZA 2014, 951 (952).

560 BeckOK ArbR/*Greiner*, MiLoG § 1 Rn. 40.

561 BeckOK ArbR/*Greiner*, MiLoG § 1 Rn. 40 mit Verweis auf dessen Rn. 27.

Nach der aktuellen Rechtsprechung zu Stichtagsklauseln[562] sind Sonderzahlungen, die auch an die erbrachte Arbeitsleistung im Bonusjahr anknüpfen, teilweise als Vergütung für geleistete Arbeit zu sehen.[563] Dies hat jedoch nicht zur Folge, dass die Zahlungen vollständig als Entgelt für Arbeitsleistung zu qualifizieren sind.

Daher wird abweichend von der letztgenannten Ansicht vertreten, dass nur Zahlungen mit reinem Entgeltcharakter anrechnungsfähig sind.[564] Dem ist zuzustimmen.

Wie unter C.V.1.e) dargestellt, sind nur solche Zahlungen mindestlohnrelevant, die funktional gleichwertig sind. Mit dem Mindestlohn wird die Vergütung von Arbeitsleistung, unabhängig von zeitlicher Lage oder Erschwernissen, bezweckt. Eine Zahlung mit Mischcharakter stimmt mit diesem Zweck jedoch nur teilweise überein. Daneben werden noch andere Anreize durch Entlohnung der Betriebstreue bzw. Betriebszugehörigkeit bezweckt.[565]

Eine Sonderzahlung mit Mischcharakter ist somit zumindest teilweise nicht mit dem Mindestlohn funktional gleichwertig und kann nicht angerechnet werden.[566] Im Ergebnis würde eine solche Anrechnung auch der europäischen Rechtsprechung widersprechen, da hierdurch das Verhältnis zwischen Leistung des Arbeitnehmers und Gegenleistung des Arbeitgebers verschoben werden würde.

Jahressonderzahlungen sind somit nur dann mindestlohnwirksam, wenn sie ausschließlich die Arbeitsleistung honorieren.

---

562 BAG, Urt. v. 18.01.2012 – 10 AZR 612/10 – BAGE 140, 231 = NZA 2012, 561 Rn. 28; BAG, Urt. v. 13.11.2013 – 10 AZR 848/12 – BAGE 146, 284 = NZA 2014, 368 Rn. 23.

563 BAG, Urt. v. 18.01.2012 – 10 AZR 612/10 – BAGE 140, 231 = NZA 2012, 561 Rn. 16, sowie 1. OS.

564 *Lakies*, AuR 2014, 360 (361); *ders.* MiLoG § 1 Rn. 49 f.; *ders.* ArbR 2014, 2014, 343; *Nebel/Kloster,* BB 2014, 2933 (2935); ähnlich *Ulber,* RdA 2014, 176 (180).

565 ErfK/*Preis*, BGB § 611 Rn. 534c.

566 *Nebel/Kloster,* BB 2014, 2933 (2935).

c) Prämien

Im Fall von Prämien ist zu unterscheiden, was mit diesen entgolten werden soll.

Handelt es sich um eine sog. Treue- oder Halteprämie, dient diese der Honorierung der Betriebstreue.[567] In diesem Fall ist die Zahlung mangels Entgelteigenschaft nicht auf den Mindestlohn anzurechnen.[568]

Die Auszahlung von Leistungs- oder Qualitätsprämien und sonstigen Boni wird hingegen regelmäßig von der Erbringung von Arbeitsleistung abhängig gemacht. Es steht im unmittelbaren Austauschverhältnis von Leistung und Gegenleistung und stellt somit Entgelt im engeren Sinne dar.

Die letztgenannten Prämien sind daher auf den Mindestlohn anzurechnen.[569]

d) Sachleistung/Trinkgeld

Neben dem verstetigten Entgelt können dem Arbeitnehmer regelmäßig auch weitere Leistungen, wie z.B. Sachbezüge und Trinkgelder zugehen.[570]

Ein Trinkgeld ist gem. § 107 Abs. 3 S. 2 GewO ein Geldbetrag, den ein Dritter ohne rechtliche Verpflichtung dem Arbeitnehmer zusätzlich zu der dem Arbeitgeber geschuldeten Leistung zahlt. Es stellt somit keine Leistung des Arbeitgebers dar.[571] Demzufolge kann es nicht mit der Arbeitsleistung funktional gleichwertig sein[572] und auch nicht auf den Mindestlohn angerechnet werden.

Gleiches ergibt sich aus § 107 Abs. 3 S. 1 GewO. Hiernach kann die Zahlung eines regelmäßigen Entgelts nicht für Fälle ausgeschlossen werden, in

---

567 ErfK/*Preis* BGB, § 611 Rn. 534e; vgl. auch BAG, Urt. v. 14.11.2012 – 10 AZR 3/12 – NZA 2013, 327 Rn. 20.

568 *Däubler*, NJW 2014, 1924 (1927); *Lakies*, AuR 2014, 360 (361); *Schweibert/Leßmann*, DB 2014, 1866 (1869); *Ulber*, RdA 2014, 176 (179).

569 *Jares,* DB 2015, 307 (309).

570 *Schmitz-Witte,* AUA 2015, 136 (137).

571 *Däubler,* NJW 2014, 1924 (1927); *Donnernuth-Allhäuser/Heup,* NZA 2015, 406 (407); *Lakies,* AuR 2014, 360 (361); ähnlich *Lembke,* NZA 2015, 70 (75)

572 *Nebel/Kloster*, BB 2014, 2933 (2935); ähnlich *Ulber,* RdA 2014, 176 (182).

denen der Arbeitnehmer ein Trinkgeld erhält. Auch dies würde die Anrechnung des Trinkgelds auf den Mindestlohn ausschließen.[573]

Etwas anderes könnte allerdings gelten, wenn die Parteien des Arbeitsvertrags das Trinkgeld als anrechenbaren Arbeitslohn vereinbaren.[574] Hierbei wird nicht das Trinkgeld direkt, sondern die Gelegenheit ein Trinkgeld zu erzielen in Form eines Sachbezugs gem. § 107 Abs. 2 GewO als Arbeitslohn vereinbart.[575] Demnach ist zunächst zu klären, ob Sachbezüge mindestlohnwirksam sein können.

Sachbezüge sind Leistungen, die nicht in Geld bestehen. Zu diesen gehören § 8 Abs. 2 EStG entsprechend insbesondere die Wohnung, Kost, Waren, Dienstleistungen und sonstige Sachbezüge, private Kfz-Nutzung, Job-Tickets sowie der Tankgutschein.[576]

Einer Ansicht nach können solche Leistungen nicht auf den Mindestlohn angerechnet werden.[577]

Hierfür spreche schon der eindeutige Wortlaut des § 1 Abs. 1 und 2 MiLoG, wonach der Mindestlohn in „Euro" auszuzahlen sei.[578] Hinzu käme, dass der Arbeitnehmer mit Sachleistungen nicht die gleiche Verwendungsfreiheit wie mit Geldleistungen besäße.[579] Dies stehe im Widerspruch zum Sinn und Zweck des Mindestlohns, wonach dem Arbeitnehmer der Geldbetrag tatsächlich frei zur Verfügung stehen solle.[580]

---

573 *Bayreuther,* NZA 2015, 385 (391); *Berndt,* DStR 2014, 1878 (1881); ErfK/*Franzen,* MiLoG § 1 Rn. 7; *Lakies,* AuR 2014, 360 (361); *Viethen,* NZA-Beilage 2014, 143 (147).

574 ErfK/*Franzen,* MiLoG § 1 Rn. 7; *Sittard,* RdA 2015, 99 (105).

575 *Donnernuth-Allhäuser/Heup,* NZA 2015, 406 (407); ErfK/*Franzen,* MiLoG § 1 Rn. 7.

576 *Berndt,* DStR 2014, 1878 (1881).

577 *Jares,* DB 2015, 307 (310); *Lakies,* AuR 2014, 360 (362); *Lembke,* NZA 2015, 70 (76); *Riechert/Nimmerjahn,* MiLoG § 1 Rn. 80 ff.; *Sittard,* RdA 2015, 99 (105); mit dieser Tendenz auch *Bayreuther*. NZA 2015, 385 (390).

578 *Jares,* DB 2015, 307 (310); *Lakies,* AuR 2014, 360 (362); *Lembke,* NZA 2015, 70 (76); *Riechert/Nimmerjahn,* MiLoG § 1 Rn. 81; *Sittard,* RdA 2015, 99 (105).

579 *Sittard,* RdA 2015, 99 (105).

580 *Lembke,* NZA 2015, 70 (76).

Die Gegenmeinung geht richtigerweise davon aus, dass Sachbezüge sehr wohl als mindestlohnwirksam anzusehen sind.[581] Mangels spezieller Anrechnungsregelung im MiLoG müsse auf die allgemeinen Vorschriften des § 107 GewO zurückgegriffen werden.[582] Nach dieser Norm bedarf es zunächst einer entsprechenden Anrechnungsvereinbarung. Ohne eine vertragliche Regelung ist eine Anrechnung in jedem Fall unzulässig.[583] Liegt eine solche Regelung vor, ist eine wirksame Anrechnung von Sachbezügen auf den Mindestlohn grundsätzlich möglich.

Dies widerspricht auch zunächst nicht dem Wortlaut des § 1 MiLoG.[584] Hiernach werde lediglich die Zahlung eines Arbeitsentgeltes in der Höhe des Mindestlohns geschuldet. Mittels einer Vereinbarung können auch Sachbezüge Entgeltcharakter haben.[585] Soweit mit diesen Bezügen die Arbeitsleistung vergütet wird, sind sie als Entgelt im engeren Sinn zu qualifizieren, § 107 Abs. 2 S. 1 GewO. Da im MiLoG keine Einschränkungen bzgl. der Art und Güte des Entgeltes vorliegt und somit grundsätzlich jedes Entgelt für Arbeitsleistung anzurechnen ist,[586] kann auch ein Sachbezug mindestlohnwirksam sein.[587]

Es wird jedoch kritisiert, dass die Anrechnung von Sachbezügen in der Praxis weitestgehend ohne Relevanz sein wird.[588] Nach § 107 Abs. 2 S. 5 GewO darf eine Anrechnung mit Sachleistungen den pfändbaren Teil des

---

581 *Berndt,* DStR 2014, 1878 (1881); *Dommermuth-Alhäuser/Heup,* NZA 2015, 406 (408 ff.); ErfK/*Franzen,* MiLoG § 1 Rn. 6; BeckOK ArbR/*Greiner,* MiLoG § 1 Rn. 45; *Waltermann,* AuR 2015, 166 (171).

582 *Berndt,* DStR 2014, 1878 (1881); *Dommermuth-Alhäuser/Heup,* NZA 2015, 406 (408 ff.); ErfK/*Franzen,* MiLoG § 1 Rn. 6; *Waltermann,* AuR 2015, 166 (171).

583 *Donnernuth-Allhäuser/Heup,* NZA 2015, 406 (408) mwN.

584 Donnernuth-Allhäuser/Heup, NZA 2015, 406 (408 f.)

585 BeckOK ArbR/*Greiner,* MiLoG § 1 Rn. 45.

586 Siehe unter C.V.1.e.).

587 Donnernuth-Allhäuser/Heup, NZA 2015, 406 (408 f.)

588 *Berndt,* DStR 2014, 1878 (1881); *Bayreuther,* NZA 2015, 385 (390); *Waltermann,* AuR 2015, 166 (171).

Arbeitsentgelts nicht übersteigen. Da sich die Mindestlohnhöhe an der Pfändungsfreigrenze nach § 850c ZPO orientiere, müsse der anrechenbare Teil der Mindestlohnvergütung sehr gering ausfallen.[589]

Dem wird zumindest für Trinkgelder als Sachbezug entgegengehalten, dass die Einschränkung bzgl. der Pfändungsfreigrenze nicht greifen kann, da dem Arbeitnehmer die Vergütung tatsächlich in Form von Geld zufließt.[590]

Hierfür spreche zum einen der Sinn und Zweck des MiLoG.[591] Mit der Etablierung des Mindestlohns solle vor allem ein Arbeitnehmerschutz vor unangemessen niedrigen Löhnen[592] und die Stabilität der sozialen Sicherungssysteme[593] bezweckt werden.[594] Dem Arbeitnehmerschutz werde im Fall einer Anrechnung von Trinkgeldern genüge getan, solange sich der Arbeitgeber trinkgeldunabhängig zur Zahlung in Höhe des Mindestlohns verpflichte.[595] Auch sei die Stabilität der sozialen Sicherungssysteme gewährleistet.[596] Zwar seien Trinkgelder gem. § 3 Nr. 51 EStG grundsätzlich steuerfrei und somit auch kein sozialversicherungs-pflichtiges Entgelt,[597] § 17 Abs. 1 Nr. 1 SGB IV i.V.m. § 1 Abs. 1 Nr. 1 SvEV[598], jedoch ändere sich dies im Fall einer Anrechnungsvereinbarung. Kraft dieser Vereinbarung werde das Trinkgeld zum Sachbezug i.S.d. § 107 Abs. 2 S. 1 GewO und somit zum sozialversicherungspflichtigen Entgelt.[599] Die Sozialversicherungs-beiträge werden somit auch mit Anrechnung zu entrichten sein, wodurch die Stabilität der Sicherungssysteme nicht gefährdet sei.

---

589 *Berndt,* DStR 2014, 1878 (1881); *Waltermann,* AuR 2015, 166 (171).
590 Donnernuth-Allhäuser/Heup, NZA 2015, 406 (408).
591 Donnernuth-Allhäuser/Heup, NZA 2015, 406 (408).
592 BT-Drs. 18/1558, 26 ff.
593 BT-Drs. 18/1558, 28.
594 Donnernuth-Allhäuser/Heup, NZA 2015, 406 (409).
595 Donnernuth-Allhäuser/Heup, NZA 2015, 406 (409).
596 Donnernuth-Allhäuser/Heup, NZA 2015, 406 (409).
597 KassKomm/*Seewald,* SGB IV § 14 Rn. 92.
598 Verordnung über die sozialversicherungsrechtliche Beurteilung von Zuwendungen des Arbeitgebers als Arbeitsentgelt vom 21.12.2006; BGBl. I S. 3385, folgend SvEV.
599 Kreikebohm/*Masrschner,* SGB IV § 14 Rn. 22; BSG, Urt. v. 02.03.2010 – B 12 R 5/09 R – NZS 2011, 267 Rn. 17.

Der letztgenannten Ansicht ist zuzustimmen. Sachbezüge können unter Beachtung der Pfändungsfreigrenze auf den Mindestlohn angerechnet werden. Trinkgelder die auf Grund einer Vereinbarung als Sachbezug in Form eines Entgelts für Arbeitsleistung zu qualifizieren sind, können sogar unabhängig von der Beschränkung des § 107 Abs. 2 S. 5 GewO mindestlohnwirksam sein.

Bei einer solchen Anrechnungsvereinbarung muss allerdings stets darauf geachtet werden, dass der Mindestlohn nicht unterschritten wird. Es empfiehlt sich somit die Vergütung in der Höhe des Mindestlohns unabhängig von den Begleitumständen der Anrechnung verbindlich zuzusagen. Hierbei ist insbesondere auf die weiteren Wirksamkeitsvoraussetzungen der § 138 BGB, §§ 305 ff. BGB und § 3 MiLoG zu achten.[600]

---

[600] So auch *Donnernuth-Allhäuser/Heup,* NZA 2015, 406 (408).

D Fälligkeit

Auch wenn sich der Arbeitgeber über die Höhe der zu zahlenden Vergütung im Klaren ist, kommt es entscheidend darauf an, dass diese rechtzeitig gezahlt wird. Missachtet der Arbeitgeber den Zahlungstermin, setzt er sich nicht nur Schadensersatzansprüchen des Arbeitnehmers, sondern nach § 21 Abs. Nr. 9 MiLoG auch einem Bußgeld i.H.v. bis zu 500.000 € aus.

I Fälligkeit

Der Mindestlohn für die tatsächlich[601] geleisteten Arbeitsstunden ist gem. § 2 Abs. 1 Nr. 1 MiLoG zum Zeitpunkt der vereinbarten Fälligkeit zu zahlen. Fehlt es an einer Fälligkeitsvereinbarung, bestimmt sich diese nach § 614 BGB, § 2 Abs. 1 S. 2 MiLoG.

Nach § 614 S. 1 BGB hat die Vergütung nach der Leistung der Dienste zu erfolgen. Ist die Vergütung nach Zeitabschnitten bemessen, so muss sie nach dem Ablauf des jeweiligen Zeitabschnitts entrichtet werden, § 614 S. 2 BGB. Dies hat zur Folge, dass die Vergütung bei einer Monatsbemessung am ersten Tag des Folgemonats fällig wird.[602]

Der Fälligkeitszeitpunkt nach § 2 Abs.1 Nr. 2 MiLoG ist für das Entgelt – in jedem Arbeitsverhältnis[603] – bis zur Höhe des gesetzlichen Mindestlohns bindend. Für die darüber hinausgehende Vergütung gelten die allgemeinen Vorschriften.[604]

Unabhängig vom Fälligkeitszeitpunkt hat eine Zahlung spätestens bis zum letzten Bankarbeitstag (Frankfurt am Main) des Folgemonats, der dem Monat, in dem die Arbeitsleistung erbracht worden ist, zu erfolgen, § 2 Abs. 1 Nr. 2 MiLoG.

---

[601] BT-Drs. 18/1558, 34 zu § 2 Abs. 2.

[602] *Lakies,* AuR 2014, 360 (362).

[603] *Bayreuther,* NZA 2014, 865 (866); *Sagan/Witschen,* jM 2014, 372 (374); *Sittard,* NZA 2014, 951 (952 f.).

[604] *Riechert/Nimmerjahn,* MiLoG § 2 Rn. 8 f.

Fraglich ist, welcher Zeitpunkt bei abweichender und wirksamer Fälligkeitsvereinbarung nach § 2 Abs. 1 Nr. 1 MiLoG für die Bußgeldvorschrift des § 21 Abs. 1 Nr. 9 MiLoG maßgeblich ist.

Nach der letztgenannten Norm handelt derjenige ordnungswidrig, der vorsätzlich oder fahrlässig entgegen seiner Verpflichtung nach § 20 MiLoG den Mindestlohn nicht oder nicht rechtzeitig zahlt. Gem. § 20 MiLoG muss der Arbeitgeber seinem Arbeitnehmer mindestens ein Entgelt in Höhe des Mindestlohns bis spätestens zum Fälligkeitszeitpunkt des § 2 Abs. 1 S. 1 Nr. 2 MiLoG zahlen.

Eine Zahlung, die bis zum letzten Bankarbeitstag des Folgemonats erfolgt, ist somit auch dann noch rechtzeitig i.S.d. §§ § 21 Abs. 1 Nr. 9 i.V.m. 20 MiLoG, wenn ein anderer Fälligkeitszeitpunkt vereinbart ist.[605]

II Arbeitszeitkonten

Gem. § 2 Abs. 2 MiLoG kann von den vorbenannten Fälligkeitsregelungen mit Hilfe eines Arbeitszeitkontos abgewichen werden.

In einem Arbeitszeitkonto wird der zeitliche Umfang der erbrachten oder auf Grund eines Entgeltfortzahlungstatbestandes nicht zu erbringenden Arbeitsleistung des Arbeitnehmers festgehalten.[606]

Durch die Regelung solcher Konten im Rahmen des MiLoG sollen Rahmenbedingungen geschaffen werden, die den Missbrauch von Arbeitszeitkonten zur Umgehung des Mindestlohnes verhindern sollen.[607]

Nach § 2 Abs. 2 S. 1 MiLoG können über die vereinbarte Arbeitszeit hinaus geleistete Arbeitsstunden auf einem Arbeitszeitkonto geführt werden. Diese Zeiten müssen nicht bis zum Fälligkeitszeitpunkt, sondern spätestens innerhalb von zwölf Kalendermonaten ab der monatlichen Erfassung ausgeglichen werden. Dieser Ausgleich kann entweder durch bezahlte Freizeitgewährung oder Zahlung des Mindestlohns erfolgen.

---

605 *Richert/Nimmerjahn,* MiLoG § 2 Rn. 3.

606 BAG, Urt. v. 21.03.2012 – 5 AZR 676/11 – BAGE 141, 88 = NZA 2012, 870 Rn. 20.

607 BT-Drs. 18/2010 (neu), 22.

Sollte das Arbeitsverhältnis beendet werden, sind die auf dem Arbeitszeitkonto befindlichen und noch nicht ausgezahlten Arbeitsstunden spätestens bis zum Ende des Folgemonats der Beendigung zu vergüten, § 2 Abs. 2 S. 2 MiLoG.

Die vorbenannte Regelung gilt jedoch nur, wenn der Anspruch auf Mindestlohn nicht bereits durch Zahlung des verstetigten Entgelts erfüllt worden ist, § 2 Abs. 2 S. 1 HS 2 MiLoG.

Voraussetzung hierfür ist, dass die Führung eines solchen Arbeitszeitkontos schriftlich i.S.d. § 126 BGB, bzw. § 126a BGB[608] vereinbart worden ist. Als solche Vereinbarungen gelten ausweislich der Gesetzesbegründung auch Betriebs- bzw. Dienstvereinbarungen sowie entsprechende Klauseln in einem einschlägigen Tarifvertrag.[609]

Damit diese Vereinbarung sinnvoll und wirksam abgeschlossen werden kann, bedarf es weiterhin einer Vereinbarung über die Arbeitszeit.[610] Ohne vereinbarte Arbeitszeit kann es keine darüber hinausgehenden Stunden geben.

Fraglich ist jedoch, ob diese Einigung ausdrücklich erfolgen muss.

Einer Ansicht nach bedarf es auch für diese Einigung, da sie im Zusammenhang mit der Arbeitszeitkontenvereinbarung stünde, der Schriftform nach § 126 BGB.[611]

Der Gegenmeinung nach genügt es, wenn man bei fehlender ausdrücklicher Vereinbarung auf die betriebsübliche Arbeitszeit abstellt.[612] Laut der Rechtsprechung des BAG entspricht es regelmäßig dem Vertragswillen der Parteien, dass bei Vollzeitbeschäftigung die betriebsübliche Arbeitszeit gelten soll.[613]

---

608 HaKo-MiLoG/Kloppenburg, § 2 Rn. 43; *Richert/Nimmerjahn,* MiLoG § 2 Rn. 31 **aA** *Lakies,* MiLoG § 1 Rn. 10.

609 BT-Drs. 18/1558, 34 f.

610 HaKo-MiLoG/*Kloppenburg*, § 2 Rn. 45; *Lakies,* MiLoG § 1 Rn. 11.

611 *Lakies,* MiLoG § 1 Rn. 11.

612 HaKo-MiLoG/*Kloppenburg*, § 2 Rn. 45.

613 BAG, Urt. v. 15.05.2013 – 10 AZR 325/12 – NZA-RR 2014, 519 Rn. 21.

Bei der Bewertung des Meinungsstandes ist zu bedenken, dass das Schriftformerfordernis des § 2 Abs. 2 MiLoG auch der effektiven Kontrolle des Mindestlohns dienen soll.[614] Fehlt es an einer vertraglichen Vereinbarung, oder ist diese nach § 126 Abs. 1 BGB unwirksam, unterstehen die bereits eingetragenen Zeiten den Fälligkeitsregeln des § 2 Abs. 1 MiLoG.[615] Für zu spät ausgezahlten Mindestlohn drohen auch hier wieder Schadensersatzansprüche und erhebliche Bußgelder.

Ausnahmsweise könnte man somit nur auf eine ausdrückliche Vereinbarung verzichten, wenn sich ansonsten eindeutig aus dem Vertrag ergibt, welcher Arbeitsumfang vereinbart worden ist.

Es ist jedoch im Vorhinein nicht abzuschätzen, unter welchen Bedingungen die Eindeutigkeit noch bejaht werden kann. Angesichts der Bußgeldgefahr[616] und aus Gründen der Rechtssicherheit, ist somit eine ausdrückliche schriftliche Vereinbarung über die (Normal-)Arbeitszeit vorzuziehen.

Weiterhin ist zu beachten, dass die Arbeitszeit auf dem Konto monatlich nicht mehr als 50 % der vereinbarten Arbeitszeit betragen darf, § 2 Abs. 2 S. 3 MiLoG. Wird diese Grenze überschritten, fallen die darüberhinausgehenden Arbeitsstunden nicht mehr unter den Ausnahmetatbestand des § 2 Abs. 2 MiLoG. Diese sind dann nach Maßgabe des § 2 Abs. 1 MiLoG zu vergüten.[617]

Die Regelungen der § 2 Abs. 1 und 2 MiLoG gelten nicht für alle Arbeitszeitkonten. Gem. § 2 Abs. 3 S. 1 MiLoG ist der Anwendungsbereich explizit für Wertguthabenkonten i.S.d. SGB IV ausgeschlossen. Es handelt sich hierbei um sog. Altersteilzeit-[618] oder Langzeitkontenvereinbarungen[619] nach

---

614 Richert/Nimmerjahn, MiLoG § 2 Rn. 30.

615 *Richert/Nimmerjahn*, MiLoG § 2 Rn. 35.

616 So auch *Lembke,* NZA 2015, 70 (77)

617 BT-Drs. 18/1558, 68; ErfK/*Franzen,* MiLoG § 2 Rn. 4; HaKo-MiLoG/*Kloppenburg*, § 2, Rn. 54; *Richert/Nimmerjahn,* MiLoG § 2 Rn. 44.

618 BT-Drs. 18/1558, 35.

619 *Lambrich/Mitius* DB 2015, 126 (127).

§ 7b SGB IV. Eine Abgrenzung dieser Konten gegenüber der Konten im Anwendungsbereich des MiLoG erfolgt über den § 7b Abs. 2 SGB IV.[620]

Arbeitszeitkonten nach § 2 Abs. 2 MiLoG dienen zur Flexibilisierung der werktäglichen oder wöchentlichen Arbeitszeit bzw. zum Ausgleich betrieblicher Auslastungsschwankungen.

Langzeitkonten i.S.d. SGB IV verfolgen dieses Ziel jedoch nicht, § 7b Abs. 2 SGB IV. Mit diesen Wertguthabenvereinbarungen wird die vollständige oder teilweise Freistellung von der Arbeit bezweckt, § 7c SGB IV. Hierdurch soll die Wahrnehmung von Pflege-, Eltern- oder Teilzeit nach § 8 TzBfG ermöglicht werden, § 7c Abs. 1 Nr. 1 SGB IV. Weiterhin sind auch Freistellungsphasen für Qualifikationsmaßnahmen oder Sabbatjahre erfasst (§ 7c Abs. 1 Nr. 2 SGB IV).

Nach Meinung des Gesetzgebers sind solche Konten auf Grund der Regelungen im SGB IV hinreichend gesichert und bedürfen keines weiteren Schutzes durch das MiLoG.[621]

Bei der Vereinbarung von Arbeitszeitkonten ist zukünftig demnach auf eine mindestlohnsichere Vereinbarung zu achten. Entscheidend kommt es hierbei auf die genaue vertragliche Regelung und die ordnungsgemäße Führung des Kontos an. Werden die Grenzen des § 2 Abs. 2 MiLoG überschritten, ist der Mindestlohn, insbesondere zur Vermeidung von Bußgeldern, spätestens bis zum letzten Bankarbeitstag des Folgemonats der Arbeitsleistung zu zahlen.

Wertguthabenkonten i.S.d. § 7b SGB IV bleiben vom Regelungsregime des MiLoG ausgenommen, sodass es hier zu keinen zusätzlichen Einschränkungen kommt.

---

[620] HaKo-MiLoG/*Kloppenburg*, § 2 Rn. 65.

[621] BT-Drs. 18/1558, 35.

E Fazit

Im Ergebnis bleibt festzuhalten, dass die Regelungen im MiLoG auf den ersten Blick vielleicht einfach erscheinen mögen, bei genauerer Betrachtung jedoch viele Auslegungsfragen offen bleiben.

Die Regelungen des MiLoG gelten grundsätzlich für alle Arbeitnehmer i.S.d. allgemeinen Arbeitnehmerbegriffs. Ehrenamtler, Selbstständige sowie arbeitnehmerähnliche Personen fallen somit nicht in den Anwendungsbereich.

Zusätzlich sind jedoch auch Praktikanten vom persönlichen Anwendungsbereich erfasst. Für diese gelten sodann wieder Ausnahmetatbestände, die teilweise auf drei Monate begrenzt sind. Wird dieser Zeitraum überschritten, tritt die Mindestlohnpflicht bereits ab dem ersten Tag des Praktikums ein.

Außerdem ist der Anwendungsbereich des MiLoG auf jede Beschäftigung auf dem deutschen Festland inkl. der Binnengewässer beschränkt. Nach teleologischer und europarechtskonformer Auslegung sind hiervon jedoch solche Beschäftigungen ausgeschlossen, die einzig auf die Durchfahrt durch dieses Gebiet abzielen.

Auch die Regelungen von Branchentarifverträgen können dem MiLoG vorgehen. Dies gilt jedoch nur für internationale und allgemeinverbindliche Tarifverträge nach dem AEntG. Findet ein solcher Tarifvertrag Anwendung, werden sämtliche Regelungen des MiLoG verdrängt.

Die richtige Berechnung des Mindestlohns dürfte in der Praxis wohl die größten Schwierigkeiten bereiten. Hierbei ist zunächst festzustellen, dass das MiLoG für jedes Arbeitsverhältnis, unabhängig von der Entgelthöhe, gilt. Die Regelungen finden auch auf solche Arbeitsverhältnisse Anwendung, die deutlich über den Mindestlohn vergütet werden. Es ist in diesen Fällen von einem sogenannten Mindestlohnsockel auszugehen, auf den die Regelungen des MiLoG Anwendung finden. Auf den darüberhinausgehenden Betrag haben diese jedoch keinen Einfluss.

Weiterhin muss beachtet werden, dass die Sittenwidrigkeitsgrenze nach § 138 BGB weiterhin neben dem Mindestlohn bestehen bleibt. Zahlt der Arbeitgeber den Mindestlohn, kann er also weiterhin sittenwidrig handeln, wenn der Lohn weniger als zwei Drittel der üblichen Vergütung beträgt.

Für die Feststellung der Anspruchshöhe des Arbeitnehmers, kommt es auf den vergütungsrechtlichen Arbeitszeitbegriff an. Demnach ist jede Stunde mindestlohnpflichtig, in der die geschuldete Arbeitsleistung erbracht wurde. Hierzu gehören auch die Ruhezeiten während des Bereitschaftsdienstes. Es genügt hierbei jedoch, wenn ein Arbeitnehmer im Monatsdurchschnitt eine Vergütung in Höhe des Mindestlohns je Arbeitsstunde erhält.

Die Regelungen des MiLoG finden keine unmittelbare Anwendung auf die Zeiten der Nichtarbeit. Hat ein Arbeitnehmer jedoch einen Anspruch auf Entgeltfortzahlung, so ist in der Regel wenigstens der Mindestlohn als Entgeltfaktor anzusetzen. Dies ergibt sich allerdings nicht aus dem MiLoG selbst, sondern aus den jeweiligen Anspruchsgrundlagen der Entgeltfortzahlung, sodass die bußgeldrechtlichen Komponenten des MiLoG auf Zeiten der Nichtarbeit keine Auswirkung haben.

Für die Frage, mit welchen Entgeltbestandteilen der Mindestlohnanspruch erfüllt wird, ist die Rechtsprechung zu den Mindestentgeltsätzen nach dem AEntG konsequent anzuwenden. Entgegen der Auffassung des Zolls und der Bundesregierung kann grds. jede Leistung des Arbeitgebers angerechnet werden, mit der die Arbeitsleistung vergütet wird und die somit Entgelt im engeren Sinne darstellt. Die Fälligkeit spielt hierbei zwar keine Rolle, sodass auch jährlich gezahlte Sonderzahlungen bei entsprechender Tilgungsbestimmung mindestlohnwirksam sein können, jedoch droht bei einer solchen Vorgehensweise ein erhebliches Bußgeld wegen verspäteter Zahlung des Mindestlohns.

Um ein solches Bußgeld zu verhindern, muss zwingend auf die Fälligkeitsregelung des § 2 Abs. 1 MiLoG geachtet werden. Unabhängig von der Fälligkeitsvereinbarung muss nach dieser der Mindestlohnanspruch spätestens zum letzten Bankarbeitstag des Folgemonats der Arbeitsleistung ausgeglichen werden. Ausnahmsweise kann hiervon abgewichen werden, wenn schriftlich die Führung eines Arbeitszeitkontos vereinbart wird. Der Maximalwert der so angesparten Arbeitsstunden darf hierbei monatlich nicht mehr als die 50 % der vereinbarten Arbeitszeit betragen. Alle darüberhinausgehenden Arbeitsstunden unterfallen dann wieder der allgemeinen Fälligkeitsregelung. Hiervon nicht betroffen sind allerdings Wertguthabenkonten i.S.d. SGB IV, sodass die Zeitansparung für Altersteilzeit und Sabbatjahre weiterhin uneingeschränkt möglich ist.

Schlussendlich lässt sich feststellen, dass gerade ein relativ kurzes Gesetz kein Garant für Rechtssicherheit ist. Für die endgültige Klärung vieler Fragen, wird man auf die höchstrichterlichen Entscheidungen warten müssen.

Die erstinstanzlichen Entscheidungen der Arbeitsgerichte zur Mindestlohnwirksamkeit von Entgeltbestandteilen sind sehr unterschiedlich ausgefallen. Hier bleibt abzuwarten, ob das BAG die bisher aufgestellten Grundsätze zur Anrechenbarkeit in Bezug auf Mindestentgeltsätze nach dem AEntG beibehält, oder ob es für das MiLoG völlig neue Wege einschlägt.

Stichwortverzeichnis